French Sho for Intermediate (B1) Skill Level

French Reading Practice

Written By: Sebastian D. Cutillo

No part of "French Short Stories for Intermediate (B1) Skill Level: French Reading Practice" by Sebastian D. Cutillo may be reproduced, stored in a retrieval system, or transmitted in any form or by any means, whether electronic, mechanical, photocopying, recording, scanning, or otherwise, without the prior written permission of the publisher.

© 2024 Sebastian D. Cutillo

Table of Contents:

Le Mystère de la Peinture Disparue	1
Une Rencontre Inattendue	6
L'Ingrédient Secret	11
L'Amitié Inattendue	16
L'Échange Culturel	21
L'Escapade du Week-end	26
La Décision de Dernière Minute	31
La Rencontre à la Librairie	36
L'Héritage Inattendu	41
Le Projet de Travail	46
Le Talent Caché	51
L'Exploration Urbaine	56
Le Gala de Charité	61
Le Journal de Voyage	66
Le Dîner	71
Le Défi de l'Escape Room	76
Le Projet de Quartier	81
L'Art de la Conversation	86
L'Activisme Environnemental	91
Les Secrets de Famille	96
L'Expérience des Réseaux Sociaux	101
Le Festival de Musique	106
La Lettre Mystérieuse	111
Le Cours de Cuisine	116
L'entretien d'embauche	121
L'aventure du road trip	126
La Visite Historique Locale	131
La Rénovation de la Maison	136
Le Festival Culturel	141
Le Dîner avec des Inconnus	146

Le Mystère de la Peinture Disparue

Ella était une passionnée d'art qui adorait visiter la galerie locale de sa ville. Un vendredi après-midi, elle décida de s'y arrêter après l'école pour voir une nouvelle exposition. La galerie était remplie de magnifiques tableaux, et elle passa des heures à admirer les œuvres d'art.

Alors qu'Ella se promenait dans la galerie, elle remarqua quelque chose de bizarre. L'un des tableaux, un paysage époustouflant d'un artiste célèbre, manquait sur le mur. Elle ressentit un sentiment d'inquiétude. « Où est-ce qu'il pourrait être ? » se demanda-t-elle.

Ella se précipita vers le comptoir d'accueil pour poser la question au directeur de la galerie, M. Jenkins. « Excusez-moi, M. Jenkins ! J'ai remarqué que le tableau du paysage de James Thompson a disparu. Savez-vous où il est ? » demanda-t-elle.

M. Jenkins avait l'air préoccupé. « Oui, il était censé être ici pour l'exposition. Je ne sais pas ce qui lui est arrivé. Je vais vérifier les images de surveillance. »

Ella ressentit un mélange de souci et de curiosité. Elle adorait ce tableau et voulait aider à le retrouver. Juste à ce moment-là, son ami Mark entra dans la galerie. « Salut, Ella ! Qu'est-ce qu'il se passe ? » demanda-t-il.

« Le tableau du paysage a disparu ! Je pense qu'on devrait enquêter », dit Ella, les yeux brillants d'excitation.

Mark, qui aimait les mystères, sourit. « Je suis partant ! Voyons si on peut résoudre ça. »

Ils commencèrent par examiner l'endroit où le tableau était accroché. Ella remarqua des marques étranges sur le mur. « Regarde ça ! On dirait que le tableau a été enlevé à la hâte », fit-elle remarquer.

Mark hocha la tête. « Demandons à quelques employés s'ils ont vu quelque chose d'inhabituel. »

Ils s'approchèrent de quelques employés et posèrent des questions. Une femme mentionna avoir vu un homme en veste noire près du tableau juste avant sa disparition. « Il avait l'air louche », ajouta-t-elle.

« C'est un bon indice ! » dit Mark. « Vérifions les images de surveillance pour voir si on peut trouver cet homme. »

Après avoir attendu quelques minutes, M. Jenkins revint avec les images. Ella et Mark regardèrent attentivement la vidéo. Ils virent l'homme en veste noire observer le tableau. Puis, il quitta rapidement la galerie en portant quelque chose sous le bras.

« Le voilà ! » s'exclama Ella. « Il faut découvrir où il est allé ! »

Mark suggéra : « Allons dehors et voyons si quelqu'un a vu par où il est parti. »

Ils se précipitèrent hors de la galerie et demandèrent aux passants s'ils avaient vu un homme en veste noire. Après quelques minutes, une femme âgée pointa dans la rue. « J'ai vu un homme courir vers le parc », dit-elle.

« Merci ! » crièrent Ella et Mark, puis ils coururent vers le parc. À leur arrivée, ils regardèrent autour d'eux et aperçurent l'homme assis sur un banc, regardant le tableau. Il l'avait sorti du cadre !

Mark et Ella s'approchèrent prudemment de lui. « Excusez-moi ! Est-ce que c'est le tableau de la galerie ? » demanda Ella.

L'homme parut surpris et essaya rapidement de cacher le tableau. « Je... je voulais juste le voir de plus près ! » balbutia-t-il.

« Pourquoi l'avez-vous pris ? » demanda Mark. « Il appartient à la galerie ! »

« Je suis désolé ! Je suis artiste moi aussi, et je voulais apprendre de lui », avoua l'homme. « Je ne voulais pas causer de problème. »

Ella ressentit de la sympathie pour lui. « Vous auriez pu demander la permission. La galerie aime partager son savoir », dit-elle gentiment.

En réalisant que l'homme n'était pas un voleur, ils décidèrent de l'aider. « Ramènons le tableau ensemble », suggéra Ella.

Ils retournèrent à la galerie avec l'homme, qui s'excusa auprès de M. Jenkins. « Je suis vraiment désolé d'avoir pris le tableau. Je voulais juste apprendre de lui », expliqua-t-il.

M. Jenkins accepta les excuses et remercia Ella et Mark pour leur aide. « Vous avez résolu le mystère de la peinture disparue ! » dit-il fièrement.

Ella et Mark sourirent, se sentant accomplis. Ils apprirent que parfois, les gens font des erreurs, mais ils peuvent aussi avoir une seconde chance. Leur aventure n'avait pas seulement sauvé le tableau, elle leur avait aussi appris l'importance de la communication et de la compréhension.

Vocabulary List

French Word	English Translation
une galerie	a gallery
une exposition	an exhibition
un tableau	a painting
un artiste	an artist
un mur	a wall
un mystère	a mystery
disparaître	to disappear
une enquête	an investigation
une caméra de sécurité	a security camera
une veste	a jacket
un indice	a clue
un banc	a bench
un cadre	a frame
surprendre	to surprise
une permission	permission
un voleur	a thief
résoudre	to solve
des excuses	apologies
un problème	a problem
une aventure	an adventure

Questions about the Story

1. What did Ella notice missing from the gallery?
   a) A landscape painting
   b) A sculpture
   c) A photograph

2. Who did Ella ask about the missing painting?
   a) Her friend Mark
   b) Mr. Jenkins
   c) The artist

3. Where did the older woman say she saw the man go?
   a) To the café
   b) To the park
   c) To the museum

4. Why did the man take the painting?
   a) He wanted to steal it
   b) He wanted to learn from it
   c) He wanted to sell it

5. What did Ella and Mark learn from the adventure?
   a) The importance of working fast
   b) That people always need help
   c) The importance of communication and understanding

Answer Key

1. a
2. b
3. b
4. b
5. c

Une Rencontre Inattendue

Emma était excitée lorsqu'elle monta dans le train pour son voyage à la campagne. Elle adorait voyager et prenait souvent le train pour explorer de nouveaux endroits. Aujourd'hui, elle avait hâte de profiter d'un trajet paisible, en écoutant de la musique et en lisant son livre.

Lorsque le train quitta la gare, Emma s'installa dans son siège près de la fenêtre. Elle sortit son livre et commença à lire, mais elle remarqua bientôt un homme âgé assis en face d'elle. Il avait un sourire amical et des yeux bleus brillants.

« Bonjour ! » dit-il, rompant le silence. « Quelle belle journée pour un voyage en train, n'est-ce pas ? »

Emma leva les yeux et lui sourit en retour. « Oui, c'est vrai ! Je vais rendre visite à des amis à la campagne. »

« Je vivais à la campagne autrefois », dit l'homme en se penchant avec intérêt. « Je m'appelle M. Harris, au fait. »

« Enchantée, M. Harris. Je m'appelle Emma », répondit-elle.

Pendant que le train poursuivait son trajet, Emma et M. Harris commencèrent à discuter. Il partagea des histoires sur sa vie, ses voyages et son amour pour la nature. « Vous savez », dit-il, « j'ai une fois fait une randonnée dans les montagnes pendant une semaine entière. Cela a changé ma vie. »

« Vraiment ? Cela semble incroyable ! » répondit Emma, intriguée. « Qu'avez-vous appris de cette expérience ? »

M. Harris sourit chaleureusement. « J'ai appris l'importance de la simplicité et d'être présent. Quand j'étais là-bas, en pleine nature, j'ai réalisé combien de choses nous tenons pour acquises. La beauté d'un coucher de soleil, le chant des oiseaux... tout cela m'a rappelé d'apprécier les petites choses de la vie. »

Emma écoutait attentivement, se sentant inspirée par ses paroles. « C'est tellement vrai. Parfois, je me perds dans ma routine quotidienne et j'oublie de profiter du moment. »

M. Harris hocha la tête. « Exactement ! Il est facile de perdre de vue ce qui compte. Je vous encourage à prendre du temps pour vous-même et à explorer. Cela n'a pas besoin d'être une grande aventure ; même une courte promenade peut être revitalisante. »

Le train passa à travers de magnifiques champs verts et des collines ondulantes. Emma ressentit un désir grandissant d'embrasser la vie plus pleinement. « Merci de m'avoir partagé cela, M. Harris. J'avais vraiment besoin de l'entendre. »

Au fur et à mesure qu'ils continuaient à parler, M. Harris partagea d'autres histoires sur ses voyages à travers le monde. Il parla des cultures qu'il avait découvertes, des personnes qu'il avait rencontrées et des leçons qu'il avait apprises. Chaque histoire ouvrait les yeux d'Emma à de nouvelles perspectives.

Avant qu'elle ne s'en rende compte, le train approchait de sa destination. « Je dois y aller, mais je suis vraiment contente de vous avoir rencontré », dit-elle, un peu triste de partir.

M. Harris sourit. « Souvenez-vous d'emporter ces leçons avec vous, Emma. La vie est une aventure, alors profitez-en pleinement. »

Emma hocha la tête. « Je le ferai ! Merci pour tout. »

Alors qu'elle descendait du train, Emma ressentit une énergie renouvelée. Elle savait que cette rencontre inattendue avait changé sa perspective sur la vie. Elle était déterminée à apprécier les petites choses et à chercher de nouvelles expériences.

Avec un sourire aux lèvres, elle se dirigea vers la campagne, prête pour sa prochaine aventure.

Vocabulary List

French Word	English Translation
un train	a train
un voyage	a journey
la campagne	the countryside
un livre	a book
une gare	a station
une fenêtre	a window
un siège	a seat
un homme âgé	an elderly man
un sourire	a smile
les yeux	the eyes
beau (belle)	beautiful
la nature	nature
un coucher de soleil	a sunset
chanter	to sing
un oiseau	a bird
une randonnée	a hike
profiter	to enjoy
explorer	to explore
une aventure	an adventure
une perspective	a perspective

Questions about the Story

1. Where was Emma traveling to?
    a) The beach
    b) The countryside
    c) The city

2. What did Mr. Harris say changed his life?
    a) Visiting the countryside
    b) Traveling by train
    c) Hiking in the mountains

3. What lesson did Mr. Harris learn from his hike?
    a) The need for adventure
    b) The importance of luxury
    c) The importance of simplicity and being present

4. How did Emma feel after talking to Mr. Harris?
    a) Inspired and full of energy
    b) Angry and confused
    c) Sad and disappointed

5. What was Emma determined to do after the encounter?
    a) Avoid future conversations with strangers
    b) Focus on work
    c) Appreciate the little things in life

Answer Key

1. b
2. c
3. c
4. a
5. c

L'Ingrédient Secret

Lily avait toujours aimé cuisiner. Depuis son plus jeune âge, elle passait des heures dans la cuisine avec sa grand-mère, apprenant à préparer de délicieux repas. Cette année, Lily décida de participer au concours de cuisine annuel de sa ville. Elle était excitée mais aussi un peu nerveuse. Le gagnant recevrait une bourse pour une célèbre école de cuisine !

À l'approche du jour du concours, Lily pratiquait chaque recette qu'elle connaissait. Elle voulait impressionner les juges avec sa créativité et son talent. Un soir, en feuilletant l'ancien livre de recettes de sa grand-mère, elle tomba sur une page qu'elle n'avait jamais vue auparavant. C'était une recette manuscrite intitulée « Sauce Secrète de Grand-mère ».

Curieuse, Lily lut attentivement la recette. Elle nécessitait des tomates fraîches, du basilic, de l'ail et... un ingrédient secret ! La note disait : « Ajoutez cet ingrédient spécial pour rendre la sauce inoubliable. » Lily était intriguée. Elle n'avait jamais entendu sa grand-mère mentionner un ingrédient secret.

Déterminée à découvrir ce que c'était, Lily se rendit chez sa grand-mère le lendemain. « Grand-mère, j'ai trouvé ta vieille recette de sauce pour pâtes. Quel est l'ingrédient secret ? » demanda-t-elle.

Sa grand-mère sourit mystérieusement. « Ah, ma chère ! L'ingrédient secret, c'est l'amour. C'est ce qui rend la sauce vraiment spéciale. »

Lily rit, mais elle savait que sa grand-mère voulait dire plus que cela. « Mais quoi d'autre ? Y a-t-il un véritable ingrédient ? » insista-t-elle.

Sa grand-mère réfléchit un moment, puis dit : « Il y a autre chose, mais c'est un secret de famille. Si tu promets de l'utiliser avec amour, je te le partagerai. »

« Je promets ! » répondit Lily avec empressement.

Sa grand-mère se rendit dans le garde-manger et sortit un petit pot. « Ceci est un mélange d'épices spécial qui est dans notre famille depuis des générations. Utilise-le judicieusement, et il améliorera n'importe quel plat. »

Lily prit le pot et remercia sa grand-mère. Elle se sentait excitée et inspirée. Maintenant, elle avait une touche unique pour son plat !

Le jour du concours arriva. La zone de cuisson était pleine d'énergie alors que les concurrents préparaient leurs plats. Lily installa son poste, ressentant un mélange de nervosité et d'excitation. Elle était prête à créer la célèbre sauce pour pâtes de sa grand-mère.

Pendant qu'elle cuisinait, elle ajouta le mélange d'épices spécial à la sauce, exactement comme sa grand-mère le lui avait appris. L'arôme remplissait l'air, la faisant se sentir confiante. « Ça va être incroyable », pensa-t-elle.

Quand vint le moment de présenter son plat, Lily servit les pâtes avec la sauce aux juges. Ils y goûtèrent, et leurs visages s'illuminèrent de plaisir. « C'est fantastique ! Quel est ton secret ? » demanda un juge, souriant.

Avec un grand sourire, Lily répondit : « Le secret est une recette familiale avec un mélange d'épices spécial. »

Après une longue attente, les juges annoncèrent le gagnant. « Et le gagnant du concours de cuisine de cette année est... Lily ! »

Lily n'en revenait pas ! Elle sauta de joie et remercia tout le monde. En tenant le trophée, elle pensa à sa grand-mère et à l'ingrédient secret qui l'avait aidée à gagner.

À partir de ce jour, Lily continua à cuisiner avec amour et avec l'ingrédient secret de sa famille, sachant qu'il rendrait toujours ses plats uniques et spéciaux.

Vocabulary List

French Word	English Translation
une recette	a recipe
un concours	a competition
un gagnant	a winner
une bourse	a scholarship
une école de cuisine	a culinary school
un juge	a judge
un garde-manger	a pantry
un mélange	a blend
une épice	a spice
une sauce	a sauce
un plat	a dish
une génération	a generation
un ingrédient	an ingredient
un trophée	a trophy
un livre de recettes	a recipe book
délicieux	delicious
une famille	a family
une grand-mère	a grandmother
une pâte	pasta
une arôme	an aroma

Questions about the Story

1. What was the prize for winning the cooking competition?
   a) A scholarship to a culinary school
   b) A trip to the countryside
   c) A job at a famous restaurant

2. Where did Lily find the secret recipe?
   a) In a cooking magazine
   b) In her own recipe book
   c) In her grandmother's old recipe book

3. What did Lily's grandmother say the secret ingredient was?
   a) Love
   b) A special herb
   c) A secret spice blend

4. How did Lily feel as she added the secret ingredient to her sauce?
   a) Confident
   b) Nervous
   c) Doubtful

5. What lesson did Lily learn from her grandmother?
   a) To always cook with love
   b) To avoid using spices in pasta sauces
   c) To use simple ingredients

Answer Key

1. a
2. c
3. a
4. a
5. c

15

L'Amitié Inattendue

Dans une petite ville, deux personnes venant de milieux très différents se retrouvèrent dans une situation inattendue. Maria était une étudiante en sciences de l'environnement, et Ahmed était un mécanicien retraité qui vivait dans la ville depuis des décennies. Un samedi ensoleillé, ils s'inscrivirent tous deux pour faire du bénévolat dans un projet communautaire visant à nettoyer le parc local.

Quand Maria arriva au parc, elle fut ravie de voir tant de gens prêts à aider. Elle était impatiente de faire une différence dans sa communauté. En se rassemblant avec les autres bénévoles, elle remarqua Ahmed assis sur un banc, l'air un peu hésitant.

« Salut ! Es-tu là pour aider au nettoyage ? » demanda Maria avec un sourire.

Ahmed hocha lentement la tête. « Oui, je suis là. Je veux faire ma part, mais je ne sais pas vraiment quoi faire. »

« Ne t'inquiète pas ! Nous pouvons travailler ensemble, » dit Maria avec enthousiasme. « Je m'appelle Maria. »

« Je suis Ahmed, » répondit-il en souriant.

Alors qu'ils commençaient à ramasser les déchets et à dégager les vieilles feuilles, Maria et Ahmed se mirent à discuter. Maria partagea sa passion pour l'environnement et expliqua ses études à l'université. « Je pense qu'il est important de protéger notre planète, » dit-elle. « Chaque petit geste compte ! »

Ahmed écoutait et acquiesçait. « Je suis d'accord. Quand j'étais plus jeune, je ne pensais pas beaucoup à l'environnement, mais maintenant, je vois à quel point c'est important pour nos enfants et petits-enfants. »

Travaillant côte à côte, ils trouvèrent un terrain d'entente malgré leurs différences. Maria apprit qu'Ahmed avait grandi dans la ville et avait vu de nombreux changements au fil des ans. Il lui raconta des histoires sur le parc de son enfance, rempli de grands arbres et de sentiers dégagés. « Je jouais ici tous les jours, » dit-il avec un sourire. « C'était un endroit magnifique. »

Maria était fascinée. « Cela devait être merveilleux de grandir ici. J'aurais aimé voir ça ! »

La journée continua, et ils riaient et plaisantaient tout en nettoyant. Maria découvrit qu'Ahmed avait un excellent sens de l'humour, et Ahmed appréciait l'enthousiasme débordant de Maria. Ils partagèrent des collations pendant leur pause, discutant de leurs plats et loisirs préférés.

Après quelques heures de dur labeur, le parc était bien plus propre. Les bénévoles se rassemblèrent pour admirer leurs efforts. « Nous l'avons fait ! » s'écria Maria, en regardant autour du parc nettoyé.

« Merci pour ton aide, Maria, » dit Ahmed en souriant. « J'ai apprécié travailler avec toi. »

« Moi aussi ! Je ne m'attendais pas à me faire un si bon ami aujourd'hui, » répondit Maria, reconnaissante.

Alors que le soleil commençait à se coucher, ils échangèrent leurs numéros de téléphone et promirent de rester en contact. « Organisons une autre rencontre pour un prochain projet de bénévolat, » proposa Maria.

« Avec plaisir ! J'aimerais beaucoup continuer à aider, » répondit Ahmed.

À partir de ce jour, Maria et Ahmed formèrent une amitié inattendue. Ils continuèrent à faire du bénévolat ensemble, non seulement au parc, mais aussi lors de divers événements communautaires. Ils apprirent l'un de l'autre, combinant l'énergie et les idées de Maria avec l'expérience et la sagesse d'Ahmed.

Leur amitié montra que des personnes venant de différents horizons peuvent se réunir, partager leurs passions et avoir un impact positif sur leur communauté. Ensemble, ils rendirent la ville meilleure, un projet à la fois.

Vocabulary List

French Word	English Translation
un parc	a park
un bénévole	a volunteer
un projet communautaire	a community project
ramasser	to pick up
les déchets	trash
des feuilles	leaves
un banc	a bench
un étudiant	a student
un mécanicien	a mechanic
la planète	the planet
l'environnement	the environment
un arbre	a tree
un sentier	a path
rire	to laugh
plaisanter	to joke
une collation	a snack
un plat	a dish
un passe-temps	a hobby
la sagesse	wisdom
un ami	a friend

Questions about the Story

1. Why was Maria at the park?
   a) To play with friends
   b) To volunteer for a clean-up project
   c) To study for her exams

2. What was Ahmed unsure about when Maria first spoke to him?
   a) How to volunteer
   b) If he wanted to participate
   c) What to wear

3. What did Maria and Ahmed bond over during their clean-up?
   a) Their favorite books
   b) The changes Ahmed had seen in the town over the years
   c) Their love of sports

4. What did Maria and Ahmed do during their break?
   a) Share stories about their travels
   b) Take a walk around the park
   c) Share snacks and talk about their favorite foods and hobbies

5. What did Maria suggest at the end of the day?
   a) That they should meet again for another volunteer project
   b) That Ahmed should visit her college
   c) That they should take a trip together

Answer Key

1. b
2. a
3. b
4. c
5. a

L'Échange Culturel

Anna était une étudiante étrangère impatiente de passer un semestre dans une petite ville dans le cadre d'un programme d'échange culturel. Elle était désireuse de découvrir la culture locale, d'améliorer ses compétences linguistiques et de se faire de nouveaux amis. La famille chez qui elle séjournait, les Johnson, l'accueillit chaleureusement.

Dès son premier soir, les Johnson invitèrent Anna à dîner. « Nous espérons que tu aimes le fish and chips ! » dit Mme Johnson avec un sourire en s'asseyant à table.

Anna n'avait jamais goûté de fish and chips auparavant. « Qu'est-ce que c'est ? » demanda-t-elle curieusement en regardant l'assiette.

« C'est un plat traditionnel, » expliqua M. Johnson. « Tu vas adorer ! »

Quand Anna prit sa première bouchée, elle fut surprise. « C'est délicieux ! » s'exclama-t-elle. Cependant, elle remarqua rapidement que tout le monde mangeait avec une fourchette et un couteau, tandis qu'elle avait l'habitude de manger uniquement avec une fourchette. Elle se sentit un peu mal à l'aise, mais décida de s'adapter.

Après le dîner, la famille l'invita à regarder un match de football à la télévision. « C'est un grand match ! » dit Jake, le plus jeune fils, tout excité. Anna sourit en pensant aux matchs qu'elle regardait chez elle. Cependant, elle était confuse par les règles et les équipes.

Pendant le match, Anna applaudit lorsque l'équipe locale marqua un but. « Oui ! Allez, allez, allez ! » cria-t-elle, mais elle remarqua que les Johnson la regardaient avec surprise. « Ce n'est pas comme ça qu'on encourage ici ? » demanda-t-elle en riant.

M. Johnson sourit et répondit : « Ici, on reste généralement un peu plus calme à la maison. Mais on adore ton enthousiasme ! »

Au fil des jours, Anna s'installa dans la maison des Johnson. Elle partagea sa culture en cuisinant un plat spécial pour la famille un soir. « Ça sent divinement bon ! » dit Mme Johnson, la bouche pleine d'eau. Cependant, lorsqu'ils s'assirent pour manger, la famille trouva le plat inhabituel à cause des nombreux ingrédients mélangés ensemble.

« C'est différent de nos repas habituels, » dit Jake en essayant d'être poli. Anna se sentit un peu nerveuse, pensant qu'ils n'aimaient pas. « Ça ne vous plaît pas ? » demanda-t-elle.

« Non, c'est délicieux ! C'est juste nouveau pour nous, » lui assura M. Johnson avec un sourire.

Anna se sentit soulagée et commença à apprécier le fait d'enseigner ses traditions à la famille. Elle expliqua les coutumes de ses célébrations, en insistant sur l'importance des réunions de famille et de la nourriture. Les Johnson partagèrent également leurs traditions, comme la célébration d'un festival local dont Anna n'avait jamais entendu parler.

Un week-end, la famille emmena Anna à un festival de quartier. Ils se promenèrent parmi les stands, profitèrent de la musique et goûtèrent à différents plats. Anna se sentit un peu timide, mais elle était excitée d'apprendre. Elle participa à des jeux traditionnels et dansa même avec Jake et ses amis.

« Tu t'intègres parfaitement ! » dit Jake en riant.

Anna sourit, ressentant un sentiment d'appartenance. Ils partagèrent des histoires et des blagues, et à la fin de la journée, Anna réalisa à quel point elle aimait la famille Johnson et leur culture.

Alors que le semestre touchait à sa fin, Anna réfléchit à son expérience. Elle avait connu quelques malentendus, mais ces moments l'avaient seulement rapprochée des Johnson. Ils avaient ri ensemble, appris les uns des autres et créé des souvenirs qui dureraient toute une vie.

Lors de son dernier soir, ils se rassemblèrent tous pour un dîner d'adieu. « Merci pour tout, » dit Anna, les yeux brillants d'émotion. « Vous avez rendu mon séjour inoubliable. »

Mme Johnson la serra dans ses bras. « Tu fais désormais partie de notre famille, Anna. »

Alors qu'Anna montait dans l'avion pour rentrer chez elle, elle se sentit reconnaissante pour l'échange culturel qui avait changé sa vie. Elle savait qu'elle chérirait toujours les amitiés qu'elle avait nouées et les leçons qu'elle avait apprises sur l'importance d'embrasser les différences et de célébrer les similitudes.

Vocabulary List

French Word	English Translation
un échange culturel	a cultural exchange
une famille	a family
un plat	a dish
un couteau	a knife
une fourchette	a fork
un match	a game/match
encourager	to cheer
une équipe	a team
enthousiaste	enthusiastic
une fête	a festival
un stand	a stall
se sentir	to feel
un souvenir	a memory
une célébration	a celebration
une réunion de famille	a family gathering
un ingrédient	an ingredient
traditionnel	traditional
un semestre	a semester
découvrir	to discover
un étudiant	a student

Questions about the Story

1. Why did Anna come to stay with the Johnson family?
   a) For a job
   b) For a vacation
   c) As part of a cultural exchange program

2. What did the Johnson family serve Anna for her first dinner?
   a) Soup
   b) Pizza
   c) Fish and chips

3. What did Anna share with the Johnson family one evening?
   a) A traditional dish from her culture
   b) A game
   c) A story about her travels

4. How did Anna feel when the Johnsons found her dish unusual?
   a) Confident
   b) Excited
   c) Nervous

5. What did the Johnson family do for Anna before she left?
   a) Took her to a concert
   b) Gave her a gift
   c) Organized a farewell dinner

Answer Key

1. c
2. c
3. a
4. c
5. c

L'Escapade du Week-end

Après une longue semaine de travail et d'études, Mia, Jake, Sarah et Alex décidèrent qu'ils avaient besoin d'une pause loin de la ville animée. « Allons faire une escapade le week-end ! » proposa Mia un vendredi soir. Les autres acceptèrent avec enthousiasme, impatients d'explorer un nouvel endroit.

Ils firent rapidement leurs sacs avec des vêtements, des collations et un appareil photo pour capturer leur aventure. Après une courte discussion, ils décidèrent de visiter une petite ville connue pour sa belle nature et son atmosphère charmante.

Le samedi matin, ils prirent la route dans la voiture de Jake, chantant leurs chansons préférées. Le trajet fut rempli de rires et d'excitation. En quittant la ville, le paysage changea. Ils passèrent devant des champs, des forêts et de petites fermes.

« Regardez ces montagnes ! » s'exclama Sarah, en pointant par la fenêtre. « J'ai hâte de faire une randonnée là-bas ! »

Après quelques heures, ils arrivèrent dans la petite ville. C'était paisible, avec de jolies maisons, des jardins fleuris et des gens sympathiques. Ils garèrent la voiture et décidèrent d'explorer à pied.

Le premier endroit qu'ils visitèrent fut un café local. L'arôme de pâtisseries fraîchement sorties du four emplissait l'air lorsqu'ils entrèrent. « Essayons quelques spécialités locales ! » proposa Mia. Ils commandèrent des muffins et du café et s'assirent dehors pour profiter du soleil chaud.

Pendant qu'ils mangeaient, un homme âgé s'approcha de leur table. « Bonjour ! Vous devez être nouveaux en ville. Je suis M. Thompson, l'historien de la ville, » dit-il avec un sourire amical.

« Enchanté ! Nous sommes juste en visite pour le week-end, » répondit Jake.

M. Thompson hocha la tête. « Si cela vous intéresse, je peux vous parler de quelques trésors cachés de cette ville. Il y a une belle cascade non loin d'ici. »

« Wow, ça a l'air génial ! » dit Alex. « Pouvez-vous nous montrer comment y aller ? »

« Bien sûr ! Suivez-moi, » dit M. Thompson, les guidant à travers la ville. En marchant, il leur raconta des histoires intéressantes sur l'histoire de la ville et ses habitants.

Après une courte marche, ils arrivèrent à la cascade. Elle était magnifique, l'eau dévalant les rochers avec un arc-en-ciel qui se formait dans la brume. Les amis restèrent ébahis, prenant des photos et admirant la vue.

« Cet endroit est magique ! » dit Sarah, souriant en sentant la fraîcheur de l'eau sur son visage.

Après avoir passé un moment à la cascade, les amis décidèrent d'explorer davantage. Ils tombèrent sur un petit marché d'artisans rempli d'objets faits à la main et de produits locaux. « Allons voir ! » proposa Mia.

Au marché, ils trouvèrent de magnifiques poteries, des peintures colorées et de délicieuses confitures maison. Chaque ami acheta un petit souvenir pour se rappeler de leur voyage.

Alors que le soleil commençait à se coucher, ils retournèrent à leur voiture, se sentant heureux et comblés. « C'était la meilleure escapade du week-end ! » s'exclama Jake.

Mia hocha la tête en accord. « J'adore la façon dont nous avons découvert tant de surprises cachées dans cette ville ! »

Sur le chemin du retour, ils parlèrent de leurs moments préférés du voyage, riant et planifiant leur prochaine aventure ensemble. Ils savaient qu'ils avaient créé des souvenirs merveilleux qui dureraient toute une vie et découvert la joie d'explorer de nouveaux endroits, même s'ils n'étaient qu'à une courte distance en voiture.

Vocabulary List

French Word	English Translation
une escapade	a getaway
un week-end	a weekend
une ville	a town
un sac	a bag
une collation	a snack
une randonnée	a hike
une ferme	a farm
un café	a café
un historien	a historian
une cascade	a waterfall
un rocher	a rock
un arc-en-ciel	a rainbow
un artisan	an artisan
une poterie	pottery
une peinture	a painting
une confiture	jam
un souvenir	a souvenir
une route	a road
une brume	mist
une pâtisserie	pastry

Questions about the Story

1. Why did Mia and her friends decide to go on a weekend getaway?
   a) They were bored with city life
   b) They wanted to take a break from work and studying
   c) They wanted to visit their families

2. What was the first place they visited in the small town?
   a) A waterfall
   b) A local café
   c) The market

3. Who told the friends about the hidden gems of the town?
   a) Mrs. Thompson
   b) The café owner
   c) Mr. Thompson

4. What did the friends do after visiting the waterfall?
   a) They went back to their car
   b) They explored an artisan market
   c) They had lunch at a restaurant

5. What did each friend buy at the market?
   a) Handmade crafts and homemade jams
   b) Local snacks
   c) Clothes and shoes

Answer Key

1. b
2. b
3. c
4. b
5. a

La Décision de Dernière Minute

Sophie était assise à son bureau, regardant par la fenêtre le ciel gris. Cela faisait des semaines qu'elle se sentait agitée. Le travail était stressant, et elle avait besoin d'une pause dans sa routine. En faisant défiler ses réseaux sociaux, elle vit des photos de ses amis voyageant dans des endroits magnifiques. Soudain, une idée lui vint à l'esprit : et si elle partait en voyage, elle aussi ?

Sans trop réfléchir, Sophie prit son téléphone et chercha des vols. Elle voulait aller quelque part d'excitant et de différent. Après quelques minutes, elle trouva une super offre pour un vol vers un pays qu'elle avait toujours rêvé de visiter : l'Italie. « Pourquoi pas ? » pensa-t-elle. « Je peux réserver ce vol et partir à l'aventure ! »

Le cœur battant, elle réserva le vol pour le lendemain. Après avoir fait sa réservation, Sophie ressentit un mélange d'excitation et de peur. « Qu'est-ce que je suis en train de faire ? » se demanda-t-elle. « Je pars en voyage en solo dans un pays étranger ! »

Le lendemain matin, Sophie fit son sac avec des vêtements, un guide de voyage et son appareil photo. Elle se sentait un peu nerveuse, mais elle se rappela que c'était une opportunité pour une aventure et une découverte de soi.

En arrivant en Italie, le soleil chaud l'accueillit. Les rues étaient remplies d'une belle architecture et l'air sentait la délicieuse nourriture. Sophie sentit ses inquiétudes disparaître alors qu'elle explorait la ville. Elle visita des monuments historiques, se perdit dans des rues charmantes, et goûta au gelato pour la première fois. « C'est incroyable ! » pensa-t-elle en souriant.

Cependant, tout ne fut pas facile. Le deuxième jour, Sophie se perdit en cherchant un musée célèbre. Elle se sentit submergée et anxieuse. « Et si je ne retrouve pas mon chemin ? » s'inquiéta-t-elle. Mais elle prit une grande respiration et se rappela que se perdre faisait partie de l'aventure.

Sophie décida de demander son chemin à un habitant. Elle s'approcha d'un propriétaire de boutique sympathique qui parlait un peu anglais. Avec un sourire, il lui indiqua la bonne direction et lui donna quelques conseils sur les choses à voir. « Tu es courageuse de voyager seule. Profite de ton aventure ! » dit-il.

Reconnaissante, Sophie continua son exploration. Elle réalisa que demander de l'aide n'était pas une faiblesse ; c'était une partie du voyage. Chaque défi qu'elle affronta l'aida à devenir plus confiante.

Au fil des jours, Sophie s'immergea dans la culture. Elle rejoignit un cours de cuisine, apprit à faire des pâtes, et se fit même des amis parmi d'autres voyageurs. Ils partagèrent des histoires et des rires, et elle ressentit un sentiment de connexion auquel elle ne s'attendait pas.

Lors de sa dernière nuit en Italie, Sophie s'assit à un petit café, sirotant du vin et regardant le coucher de soleil. Elle réfléchit à son voyage. « Je n'arrive pas à croire que j'ai failli ne pas venir, » pensa-t-elle. « Ce voyage m'a changée. »

Le cœur rempli de souvenirs et de nouvelles amitiés, Sophie rentra chez elle avec un sentiment d'accomplissement. Elle avait affronté ses peurs et embrassé l'inconnu, réalisant que parfois les meilleures expériences viennent de décisions prises à la dernière minute.

Sophie savait qu'elle garderait les leçons apprises durant son voyage dans sa vie quotidienne. L'aventure lui avait montré l'importance de sortir de sa zone de confort et d'embrasser la beauté de la spontanéité. Et maintenant, elle était prête pour la prochaine aventure qui l'attendait.

Vocabulary List

French Word	English Translation
une décision	a decision
un bureau	a desk
le travail	work
une routine	a routine
un voyage	a trip
réserver	to book
une aventure	an adventure
un guide de voyage	a travel guide
un appareil photo	a camera
se perdre	to get lost
un musée	a museum
demander	to ask
un habitant	a local
confiant(e)	confident
une faiblesse	a weakness
un défi	a challenge
se rappeler	to remember
la culture	culture
un cours de cuisine	a cooking class
un coucher de soleil	a sunset

Questions about the Story

1. Why did Sophie decide to go on a trip?
   a) She was tired of her job and routine
   b) She won a free flight
   c) She wanted to visit her family

2. Where did Sophie decide to go on her trip?
   a) France
   b) Spain
   c) Italy

3. What happened to Sophie on her second day in Italy?
   a) She lost her wallet
   b) She got lost while trying to find a museum
   c) She missed her flight back home

4. Who helped Sophie when she got lost?
   a) A friendly shop owner
   b) Another tourist
   c) A taxi driver

5. What did Sophie realize at the end of her trip?
   a) Traveling alone is too stressful
   b) Last-minute decisions can lead to amazing experiences
   c) She prefers planned vacations

Answer Key

1. a
2. c
3. b
4. a
5. b

La Rencontre à la Librairie

Un samedi après-midi pluvieux, Lucy décida de visiter sa librairie locale préférée. La petite boutique, appelée « Pages & Histoires », était imprégnée de la douce odeur des vieux livres et du café fraîchement préparé. Lucy adorait y passer du temps, à parcourir les étagères et à découvrir de nouveaux titres.

En entrant dans la boutique, la cloche au-dessus de la porte tinta doucement. Lucy sourit au libraire, M. Brown, qui était occupé à ranger des livres. « Bonjour, Lucy ! Tu cherches quelque chose de particulier aujourd'hui ? » demanda-t-il.

« Pas vraiment, je me promène juste, » répondit Lucy, les yeux pétillants d'excitation.

Elle se baladait dans les allées, effleurant les tranches des livres du bout des doigts. Soudain, elle remarqua une section qu'elle n'avait jamais vue auparavant—des livres de philosophie et de développement personnel. Curieuse, elle prit un livre intitulé « L'Art de Penser Clair ».

À cet instant, une voix interrompit ses pensées. « C'est un excellent choix ! » dit un homme à proximité. Il avait un sourire engageant et une attitude confiante. « C'est l'un de mes préférés. »

Lucy leva les yeux, surprise. « Vraiment ? Je n'ai jamais lu cet auteur. Qu'est-ce que tu aimes dans ce livre ? »

L'homme se présenta sous le nom de David. « J'adore la façon dont il te pousse à réfléchir différemment sur les décisions quotidiennes. Il m'a aidé à voir les choses sous un nouvel angle. »

Intriguée, Lucy demanda, « Que veux-tu dire ? »

David expliqua, « Nous faisons souvent des choix basés sur nos émotions ou nos habitudes sans vraiment y réfléchir. Ce livre t'encourage à considérer les conséquences de tes décisions. C'est fascinant ! »

En discutant, Lucy se sentit connectée à David. Il était passionné et articulé, et son enthousiasme la rendit impatiente de lire le livre. « Je n'y avais jamais pensé de cette façon, » avoua-t-elle. « Je lis d'habitude des romans, mais peut-être que je devrais explorer d'autres genres. »

« Absolument ! Il y a tant d'idées qui n'attendent qu'à être découvertes, » répondit David en souriant. « Pourquoi ne pas prendre un café pour en discuter davantage ? J'aimerais te recommander d'autres lectures. »

Lucy hésita un moment, puis sentit une étincelle d'aventure. « D'accord ! Cela semble être une bonne idée, » dit-elle.

Ils se dirigèrent vers le petit café à l'intérieur de la librairie et commandèrent leurs boissons. Assis à une table confortable, ils continuèrent à discuter de livres, d'idées et d'expériences de vie. David raconta ses voyages et comment différentes cultures avaient influencé sa façon de penser.

« J'ai toujours été intéressé par la façon dont les gens perçoivent le monde, » dit David. « C'est incroyable tout ce que nous pouvons apprendre les uns des autres. »

Lucy se sentit inspirée par leur conversation. « Je n'avais jamais réalisé combien je pouvais apprendre en explorant de nouvelles idées, » dit-elle. « Je me contente d'habitude de ce que je connais. »

Pendant que la pluie tombait à l'extérieur, ils passèrent des heures à discuter et à rire, perdant la notion du temps. Lucy se surprit à parler de ses propres rêves et aspirations, quelque chose qu'elle partageait rarement avec les autres.

Finalement, ils échangèrent leurs coordonnées, se promettant de rester en contact. « Je t'enverrai une liste de mes livres préférés, » dit David en souriant.

En quittant la librairie ce jour-là, Lucy ressentit un sentiment d'excitation. La rencontre avec David lui avait non seulement présenté de nouvelles idées, mais lui avait aussi rappelé l'importance de sortir de sa zone de confort.

Au cours des semaines suivantes, Lucy commença à explorer différents genres et à allonger sa liste de lecture. Elle se sentit reconnaissante pour ce samedi pluvieux et cette rencontre fortuite dans la librairie pittoresque. Cela lui avait ouvert les yeux sur de nouvelles perspectives et possibilités, lui rappelant que parfois, les rencontres les plus inattendues peuvent mener à des changements profonds dans nos vies.

Vocabulary List

French Word	English Translation
une librairie	a bookshop
une étagère	a shelf
un libraire	a bookseller
un livre	a book
un choix	a choice
une décision	a decision
une émotion	an emotion
une habitude	a habit
une conséquence	a consequence
une réflexion	a thought
se perdre	to lose oneself
explorer	to explore
une idée	an idea
la pluie	the rain
un café	a café
un rêve	a dream
une aspiration	an aspiration
un voyage	a trip
recommander	to recommend
un angle	a perspective/angle

Questions about the Story

1. Where did Lucy go on a rainy Saturday afternoon?
   a) To a museum
   b) To her favorite bookshop
   c) To a café

2. What section did Lucy discover in the bookshop?
   a) Philosophy and self-improvement books
   b) Mystery and thriller books
   c) Travel and adventure books

3. What did David love about the book "The Art of Thinking Clearly"?
   a) The characters were interesting
   b) It challenged him to think differently about decisions
   c) It was full of adventure stories

4. Where did Lucy and David go to continue their conversation?
   a) To the café inside the bookshop
   b) To a park nearby
   c) To another bookstore

5. What did Lucy realize after meeting David?
   a) She preferred to stick to fiction books
   b) Stepping outside her comfort zone could lead to new ideas
   c) She didn't like discussing books with strangers

Answer Key

1. b
2. a
3. b
4. a
5. b

L'Héritage Inattendu

Lorsque Jake reçut la lettre, il était assis dans son petit appartement, défilant sur son téléphone. L'enveloppe était ancienne et poussiéreuse, avec son nom écrit d'une écriture élégante. Curieux, il l'ouvrit et commença à lire.

« Cher Jake,
Tu es le dernier parent vivant de mon amie chère, Clara Miller. Je t'ai laissé une propriété à la campagne. J'espère qu'elle t'apportera joie et aventure. Je te prie de la visiter bientôt.
Sincèrement,
William Thompson »

Jake était sous le choc. Il n'avait jamais entendu parler de Clara Miller ou de William Thompson. Il jeta un œil à l'adresse imprimée sur la lettre. « Une propriété à la campagne ? » murmura-t-il pour lui-même. « Qu'est-ce que ça peut être ? »

Après quelques jours de réflexion, Jake décida de visiter la propriété. Il était intrigué et un peu nerveux. « Et si ce n'était qu'une vieille maison ? » se demanda-t-il. Cependant, il se sentait excité à l'idée d'une nouvelle aventure.

Le samedi matin, Jake fit son sac et conduisit jusqu'à l'adresse. En approchant de la propriété, il vit une grande maison ancienne entourée de beaux arbres et de fleurs colorées. Cela ressemblait à quelque chose tout droit sorti d'un conte.

Il gara sa voiture et sortit, ressentant un mélange d'excitation et de nervosité. La maison avait un porche charmant et une grande porte en bois. Prenant une grande respiration, Jake frappa à la porte.

À sa grande surprise, la porte s'ouvrit en grinçant, révélant un couloir poussiéreux rempli de vieux meubles et de peintures. « Bonjour ? » appela Jake, mais il n'y eut pas de réponse. Il entra, se sentant comme un explorateur dans un monde nouveau.

En traversant les pièces, Jake découvrit des choses intéressantes : un vieux piano dans le salon, des piles de livres dans la bibliothèque, et de belles peintures accrochées aux murs. Il pouvait sentir l'histoire de la maison tout autour de lui.

En explorant, il découvrit une porte verrouillée au bout d'un long couloir. « Je me demande ce qu'il y a derrière cette porte, » pensa-t-il, ressentant une montée de curiosité. Après avoir fouillé la maison, il trouva une vieille clé cachée dans un tiroir. « Cela doit correspondre à la serrure ! » dit-il avec excitation.

Jake inséra soigneusement la clé dans la serrure et la tourna. La porte s'ouvrit en grinçant, révélant une pièce cachée remplie de vieux coffres et de boîtes. La poussière dansait dans la lumière du soleil qui entrait par la fenêtre.

Dans l'un des coffres, Jake trouva des lettres et des photographies. Elles racontaient l'histoire de la vie de Clara Miller — ses voyages, ses amis, et ses rêves. « Wow, elle a vécu une vie fascinante, » murmura Jake en parcourant les lettres.

Soudain, il remarqua un petit journal usé au fond du coffre. Il l'ouvrit et vit l'écriture de Clara. La dernière entrée attira son attention : « J'espère que quelqu'un trouvera cet endroit et poursuivra mes aventures. »

Jake ressentit une étincelle d'inspiration. « C'est ma chance de me connecter à une partie de ma famille que je n'ai jamais connue, » pensa-t-il. Il décida de passer l'été à rénover la maison et à explorer la région.

Au cours des semaines suivantes, Jake travailla dur pour nettoyer et restaurer la propriété. Il rencontra des voisins sympathiques qui partagèrent des histoires sur Clara et les aventures qu'elle avait vécues à la campagne. Ils l'accueillirent à bras ouverts, et il se sentit à sa place.

En réparant le jardin, Jake découvrit un amour pour le jardinage et la nature. Il passa ses week-ends à faire de la randonnée et à explorer les bois environnants, découvrant de nouveaux sentiers et des coins cachés. Chaque jour était une aventure, et il se sentait plus vivant que jamais.

Quand l'été prit fin, Jake réfléchit à son héritage inattendu. Il avait non seulement hérité d'une propriété, mais aussi d'une connexion plus profonde avec sa famille et d'une nouvelle appréciation de la vie. L'esprit de Clara vivait dans la maison, l'inspirant à embrasser de nouvelles expériences.

Alors qu'il se préparait à retourner en ville, Jake savait qu'il reviendrait souvent à la campagne. La propriété n'était pas seulement un héritage ; elle était devenue une maison remplie de souvenirs, d'aventures et de la promesse d'un avenir lumineux.

Vocabulary List

French Word	English Translation
un appartement	an apartment
une lettre	a letter
une propriété	a property
un héritage	an inheritance
un parent	a relative
la campagne	the countryside
un voisin	a neighbor
une maison	a house
un coffre	a trunk
une clé	a key
une serrure	a lock
un couloir	a hallway
un porche	a porch
un piano	a piano
un livre	a book
un jardin	a garden
des lettres	letters
un voyage	a trip/journey
une aventure	an adventure
un souvenir	a memory

Questions about the Story

1. Who was Clara Miller?
   a) Jake's childhood friend
   b) A distant relative of Jake
   c) Jake's neighbor in the city

2. What did Jake find in the house?
   a) Old letters and photographs
   b) A hidden treasure
   c) A large collection of books

3. What was written in Clara's journal?
   a) A warning to stay away from the house
   b) A request for someone to continue her adventures
   c) A list of places to visit

4. What new hobby did Jake discover while at the property?
   a) Painting
   b) Cooking
   c) Gardening

5. How did Jake feel by the end of the summer?
   a) Disconnected from his family
   b) More alive and appreciative of life
   c) Ready to sell the property

Answer Key

1. b
2. a
3. b
4. c
5. b

Le Projet de Travail

Dans un bureau animé, l'atmosphère était tendue à l'approche de la date limite pour un projet important. La direction avait décidé que des collègues de différents départements devaient collaborer pour créer une campagne de marketing pour un nouveau produit.

Samantha, graphiste, était excitée mais aussi nerveuse. Elle adorait travailler sur des projets créatifs, mais elle n'était pas sûre de bien s'entendre avec des personnes d'autres départements. « J'espère que nous nous entendrons bien, » pensa-t-elle en entrant dans la salle de réunion.

Lorsque tout le monde arriva, l'équipe comprenait Mark des ventes, Lisa du service client et David du département informatique. Ils se présentèrent, et Samantha remarqua que Mark semblait un peu distant. « Je suis là pour vendre le produit, pas pour le concevoir, » dit-il en croisant les bras.

Samantha se sentit un peu mal à l'aise. « Nous avons tous des rôles différents, mais nous pouvons travailler ensemble, » suggéra-t-elle, essayant de garder une ambiance positive.

L'équipe commença à discuter des idées pour la campagne de marketing. Lisa partagea des retours d'expérience des clients sur ce qu'ils attendaient du nouveau produit. « Je pense que nous devrions nous concentrer sur la convivialité du produit, » dit-elle.

Mark acquiesça mais ajouta, « C'est bien, mais il faut aussi penser à comment le vendre efficacement. Nous devrions créer des publicités percutantes. »

David, qui était resté silencieux jusque-là, prit finalement la parole. « Je peux aider avec les aspects techniques de la campagne, comme le site web et les promotions sur les réseaux sociaux. »

Au fur et à mesure que la conversation continuait, Samantha se sentit frustrée. Les membres de l'équipe semblaient avoir des idées différentes et ne s'écoutaient pas vraiment. « Nous devons trouver un terrain d'entente, » dit-elle, en élevant légèrement la voix. « Si nous voulons réussir, nous devons combiner nos forces ! »

Après un moment de silence, Mark soupira. « Tu as raison. J'étais trop concentré sur les ventes. Écoutons ce que chacun peut apporter. »

L'atmosphère commença à changer. Chaque membre se mit à partager ses idées librement. Samantha proposa un concept créatif pour les publicités, en intégrant les retours clients de Lisa et les stratégies de vente de Mark. David ajouta des idées pour une campagne en ligne attrayante, expliquant comment la technologie pouvait améliorer leur portée.

Au fil du projet, ils découvrirent les forces de chacun. Mark était excellent pour comprendre ce que les clients voulaient, Lisa avait un talent pour résoudre les problèmes créativement, David était compétent avec la technologie, et Samantha excellait en design.

À la fin de la réunion, ils avaient créé un plan détaillé pour leur campagne de marketing. « Je n'arrive pas à croire que nous ayons réussi à faire ça ensemble, » dit Lisa en souriant. « C'est incroyable ce que nous pouvons accomplir en équipe. »

Samantha se sentit fière de leurs progrès. « Continuons sur cette lancée ! Nous avons encore beaucoup à faire avant la date limite. »

Au cours des semaines suivantes, ils continuèrent à collaborer, surmontant les défis et célébrant les petites victoires. Ils partagèrent des rires, apprirent les uns des autres, et tissèrent des liens solides. Le projet fut non seulement un succès, mais il les aida aussi à apprécier leurs compétences variées.

Lorsque la campagne de marketing fut lancée, le produit reçut des retours positifs de la part des clients. Mark, Lisa, David et Samantha célébrèrent leur succès ensemble. « Je suis tellement contente que nous ayons travaillé en équipe, » dit Samantha, reconnaissante.

« Moi aussi ! » approuva Mark. « J'ai beaucoup appris de vous tous. »

Le projet de travail avait non seulement renforcé leurs compétences professionnelles, mais il avait aussi créé des amitiés durables. Ils réalisèrent que la collaboration pouvait mener à des résultats incroyables, et ils avaient hâte de travailler ensemble sur de futurs projets.

Vocabulary List

French Word	English Translation
une équipe	a team
un projet	a project
une campagne	a campaign
un client	a customer
une publicité	an advertisement
une réunion	a meeting
une ambiance	an atmosphere
collaborer	to collaborate
un produit	a product
un retour d'expérience	feedback
une force	a strength
une faiblesse	a weakness
un aspect technique	a technical aspect
une idée	an idea
un défi	a challenge
un plan	a plan
un concept	a concept
une date limite	a deadline
le service client	customer service
la vente	sales

Questions about the Story

1. Why was Samantha nervous about the project?
   a) She didn't know how to design the product
   b) She wasn't sure how well she would work with people from other departments
   c) She had never worked on a creative project before

2. What did Mark say about his role in the project?
   a) He wanted to design the product
   b) He was only there to sell the product
   c) He didn't know what to do

3. What did Lisa suggest they focus on in the marketing campaign?
   a) Bold advertisements
   b) Customer feedback and user-friendliness
   c) Technical details

4. Who helped with the technical aspects of the project?
   a) Samantha
   b) Mark
   c) David

5. What did the team realize by the end of the project?
   a) Collaboration can lead to amazing results
   b) It's better to work individually
   c) The deadline was too difficult to meet

Answer Key

1. b
2. b
3. b
4. c
5. a

<u>Le Talent Caché</u>

Dans un bureau animé, il y avait une employée discrète nommée Emma. Elle s'asseyait à son bureau chaque jour, se concentrant sur ses tâches d'analyste de données. Pendant que ses collègues discutaient et riaient, Emma préférait rester à l'écart, souvent perdue dans ses pensées. Mais ce que ses collègues ne savaient pas, c'était qu'Emma avait un talent caché : elle adorait peindre.

Emma peignait depuis son enfance. C'était sa façon à elle de s'exprimer et d'échapper aux pressions de la vie quotidienne. Cependant, elle n'avait jamais partagé ses œuvres d'art avec quiconque au bureau. Elle craignait qu'ils ne comprennent pas son style ou qu'ils le trouvent enfantin.

Un jour, l'entreprise annonça une exposition d'art pour mettre en avant les talents des employés. Tout le monde était excité. Le thème était « La Créativité au Travail », et les participants étaient encouragés à soumettre leurs œuvres. Emma sentit une étincelle d'inspiration. « Peut-être que je devrais y participer, » pensa-t-elle, mais le doute s'installa rapidement. « Et si personne n'aimait mes peintures ? »

À l'approche de la date limite, Emma pensait de plus en plus à l'exposition. Elle décida de tenter sa chance. « Je vais juste soumettre une peinture, » se dit-elle. Après tout, c'était l'occasion de partager une partie d'elle-même qu'elle avait gardée cachée si longtemps.

Emma passa chaque soir de la semaine à travailler sur sa peinture. Elle choisit un paysage vibrant d'un coucher de soleil sur les montagnes, rempli de couleurs chaudes. En peignant, elle ressentit une joie et une liberté profondes.

Pour la première fois, elle était excitée à l'idée de créer quelque chose que les autres allaient voir.

Enfin, le jour de l'exposition arriva. Emma se sentit nerveuse en accrochant sa peinture sur le mur aux côtés des œuvres de ses collègues. Il y avait beaucoup de pièces impressionnantes, des photographies aux sculptures. Elle se recula et regarda sa peinture, espérant qu'elle se démarquerait.

Lorsque l'exposition commença, les employés se rassemblèrent pour admirer les œuvres. Emma observa de loin, se sentant timide. Soudain, elle entendit son nom. « Wow, regardez cette peinture ! C'est Emma qui l'a faite ! » s'exclama un de ses collègues.

Curieuse, Emma s'approcha pour écouter les commentaires. « C'est magnifique ! Je ne savais pas qu'Emma était une artiste aussi talentueuse ! » dit un autre collègue. Emma sentit son cœur s'emballer. Elle n'avait jamais imaginé recevoir une telle réaction.

Encouragée par les éloges, Emma décida de rejoindre la foule. « Merci ! » dit-elle, ressentant un mélange de fierté et de surprise. Alors que de plus en plus de personnes venaient admirer sa peinture, Emma commença à se sentir plus confiante.

Plus tard dans la soirée, le manager annonça les prix pour les meilleures œuvres d'art. Emma retint son souffle alors qu'ils annonçaient les gagnants. « Et le prix de la meilleure peinture revient à... Emma ! » La foule éclata en applaudissements.

Emma était stupéfaite. Elle monta pour recevoir son prix, ressentant une vague de bonheur. « Merci beaucoup ! Je suis vraiment surprise et honorée, » dit-elle, la voix tremblante d'émotion.

Après l'exposition, beaucoup de ses collègues vinrent la féliciter. « Tu devrais peindre plus souvent ! » dit l'un d'eux. « Nous n'avions aucune idée que tu avais un tel talent ! »

Se sentant plus confiante que jamais, Emma réalisa que partager son art avait créé de nouvelles connexions avec ses collègues. Ils commencèrent à parler de leurs propres centres d'intérêt et talents, et Emma ressentit un sentiment d'appartenance.

À partir de ce jour, Emma s'impliqua davantage avec ses collègues, partageant ses œuvres d'art et organisant même des sessions de peinture pendant les pauses déjeuner. Le talent caché qu'elle avait gardé pour elle-même devint un pont vers de nouvelles amitiés et opportunités.

L'exposition d'art avait non seulement permis à Emma de montrer son talent, mais avait aussi changé sa vie au travail. Elle apprit que parfois, prendre un risque peut mener à de merveilleuses surprises.

Vocabulary List

French Word	English Translation
un bureau	an office
une tâche	a task
un talent	a talent
un collègue	a colleague
une exposition	an exhibition
une peinture	a painting
un coucher de soleil	a sunset
une œuvre d'art	a piece of art
une sculpture	a sculpture
une impression	an impression
un prix	an award
un manager	a manager
créatif/créative	creative
une pause déjeuner	a lunch break
s'exprimer	to express oneself
un pont	a bridge
une amitié	a friendship
un sentiment	a feeling
timide	shy
un centre d'intérêt	an interest

Questions about the Story

1. What was Emma's hidden talent?
   a) Singing
   b) Painting
   c) Writing

2. What was the theme of the company art show?
   a) Nature and landscapes
   b) The beauty of life
   c) Creativity at work

3. How did Emma feel when she first submitted her painting?
   a) Confident and proud
   b) Nervous and unsure
   c) Excited and overjoyed

4. Who won the award for Best Painting?
   a) Mark
   b) David
   c) Emma

5. What did Emma organize during lunch breaks after the art show?
   a) Painting sessions
   b) Yoga classes
   c) Writing workshops

Answer Key

1. b
2. c
3. b
4. c
5. a

L'Exploration Urbaine

Un samedi matin, un groupe d'amis décida de partir à l'aventure. Mia, Jake, Sarah et Alex avaient entendu parler de bâtiments abandonnés dans leur ville, et ils étaient impatients de les explorer. « Ce sera excitant ! » dit Mia avec un sourire.

Les amis se retrouvèrent dans un café local pour planifier leur journée. « On devrait visiter l'ancienne usine en premier, » suggéra Jake. « J'ai entendu dire qu'elle a une histoire intéressante. »

Sarah était un peu hésitante. « Vous êtes sûrs que c'est sans danger ? Et si on se faisait attraper ou si quelque chose tournait mal ? »

« Ne t'inquiète pas ! On restera ensemble et on fera attention, » la rassura Alex. « Ce sera amusant ! »

Avec leur plan en tête, ils prirent leurs sacs à dos remplis de collations, d'une lampe de poche et d'un appareil photo, puis partirent. En approchant de l'ancienne usine, l'excitation grandissait. Le bâtiment était grand et couvert de lierre, avec des fenêtres brisées qui lui donnaient un air mystérieux.

« Wow, regarde cet endroit ! » s'exclama Mia en prenant des photos. Ils entrèrent par une porte fissurée, et l'odeur de poussière emplit leurs narines. La lumière du soleil traversait les fenêtres brisées, créant de beaux motifs sur le sol.

En explorant les sombres couloirs, ils trouvèrent de vieilles machines et des équipements rouillés. « Je n'arrive pas à croire que c'était autrefois une usine en activité, » dit Jake en passant ses doigts sur les surfaces métalliques.

Soudain, Sarah remarqua quelque chose de brillant par terre. « Regardez ! C'est une vieille montre de poche ! » dit-elle en la ramassant. La montre était couverte de poussière, mais elle semblait avoir une histoire fascinante. « Je me demande à qui elle appartenait, » pensa-t-elle à voix haute.

En continuant leur exploration, ils tombèrent sur une grande pièce remplie de vieilles photographies accrochées aux murs. « Cela doit dater de l'époque où l'usine était ouverte, » dit Alex en examinant les images. Elles montraient des ouvriers, des familles et des scènes du passé.

Mia prit une photo d'une image qui attira son attention. C'était un groupe d'ouvriers souriants, posant fièrement devant l'usine. « C'est incroyable de voir comment les gens vivaient et travaillaient à l'époque, » dit-elle, ressentant un lien avec leurs histoires.

Après avoir passé des heures dans l'usine, ils décidèrent de visiter un vieux théâtre à proximité. Le bâtiment était tout aussi impressionnant, avec son enseigne fanée et son entrée grandiose. « Allons à l'intérieur ! » suggéra Jake.

À l'intérieur, le théâtre était sombre et silencieux. Ils trouvèrent de vieux sièges couverts de poussière et une scène qui n'avait pas été utilisée depuis des années. « Vous imaginez les spectacles qui avaient lieu ici ? » dit Sarah, sa voix résonnant dans l'espace vide.

Inspirés, ils décidèrent de jouer une petite pièce. Mia et Jake firent semblant de jouer une scène, tandis qu'Alex et

Sarah les encourageaient. Ils rirent et créèrent des personnages amusants, profitant de chaque instant.

Alors que le soleil commençait à se coucher, ils quittèrent le théâtre et retournèrent dans leur ville, se sentant accomplis. Ils avaient découvert des histoires du passé, créé de nouveaux souvenirs et renforcé leur amitié.

« C'était génial ! » dit Mia. « J'adore comment explorer ces lieux nous fait nous sentir connectés à l'histoire. »

« Ouais, c'est comme si on avait voyagé dans le temps, » ajouta Alex.

En rentrant chez eux, ils parlèrent de leurs moments préférés et décidèrent de planifier une nouvelle aventure bientôt. Leur journée d'exploration urbaine leur avait ouvert les yeux sur les histoires cachées de leur ville, leur rappelant qu'il y avait toujours plus à découvrir.

Vocabulary List

French Word	English Translation
une aventure	an adventure
un bâtiment	a building
abandonné	abandoned
une usine	a factory
la poussière	dust
une lampe de poche	a flashlight
un appareil photo	a camera
un couloir	a hallway
rouillé	rusty
une montre de poche	a pocket watch
un ouvrier	a worker
une scène	a stage
un spectacle	a performance/show
un souvenir	a memory
explorer	to explore
un siège	a seat
un équipement	equipment
une histoire	a story
un théâtre	a theater
un personnage	a character

Questions about the Story

1. Where did the friends plan to explore first?
   a) An old school
   b) An old factory
   c) An abandoned hospital

2. What did Sarah find on the floor of the factory?
   a) A rusty machine
   b) A pocket watch
   c) A photograph

3. What did the friends find hanging on the walls of the large room in the factory?
   a) Paintings
   b) Posters
   c) Old photographs

4. Where did the friends go after exploring the factory?
   a) A theater
   b) A museum
   c) A library

5. What did Mia and Jake do inside the theater?
   a) They cleaned the stage
   b) They acted out a scene
   c) They took pictures of the seats

Answer Key

1. b
2. b
3. c
4. a
5. b

Le Gala de Charité

Sophia était excitée alors qu'elle se préparait pour le gala de charité de sa ville. Cet événement annuel était une occasion de récolter des fonds pour les écoles locales et les projets communautaires. Elle avait acheté une belle robe et se réjouissait de passer une soirée de plaisir et d'inspiration.

Le jour du gala, Sophia arriva au lieu de l'événement, une belle vieille salle décorée de lumières scintillantes et de bannières colorées. L'atmosphère était animée, avec de la musique et des invités qui discutaient. Elle ressentit une vague d'excitation en entrant.

Cependant, en regardant autour d'elle, elle remarqua quelque chose d'inhabituel. Un groupe de bénévoles se précipitait dans tous les sens, l'air inquiet. Sophia s'approcha d'eux. « Tout va bien ? » demanda-t-elle.

Une des bénévoles, Mia, parut soulagée de voir Sophia. « Pas vraiment ! Nous manquons de bénévoles, et nous avons encore tellement de choses à faire avant que le gala ne commence. Nous avons besoin d'aide pour installer les tables et arranger les décorations. »

Sophia ressentit un fort désir d'aider. « Je peux vous aider ! Que dois-je faire ? » proposa-t-elle.

« Merci ! Nous devons installer les tables pour le dîner et disposer les objets de la vente aux enchères, » répondit Mia en souriant.

Sophia rejoignit rapidement l'équipe, et ensemble, ils travaillèrent dur pour préparer l'événement. Pendant qu'ils disposaient les tables, Sophia apprit à connaître les différents articles de la vente aux enchères. « Ces objets vont aider à récolter des fonds pour les écoles, n'est-ce pas ? » demanda-t-elle.

« Oui ! Les entreprises locales font don de choses comme des bons pour des restaurants, des œuvres d'art, et même un week-end de détente, » expliqua Mia. « Chaque article vendu contribuera au financement des programmes et des fournitures scolaires. »

Sophia se sentit inspirée. « C'est merveilleux ! Je n'avais pas idée de tout le travail nécessaire pour organiser un événement comme celui-ci. »

Au fur et à mesure que la soirée avançait, les invités commencèrent à arriver, élégamment vêtus et enthousiastes à l'idée de soutenir la cause. Sophia remarqua les expressions nerveuses sur les visages de l'équipe d'organisation. « Vous allez bien ? » demanda-t-elle.

Mia soupira. « J'espère juste que tout se passera bien. C'est stressant, mais nous croyons en cette cause. »

Lorsque le gala commença officiellement, l'hôte accueillit tout le monde et raconta des histoires sur l'impact de leurs dons. « Chaque petite contribution compte, » dit-elle. « Ensemble, nous pouvons faire une différence dans notre communauté. »

Sophia ressentit un sentiment d'unité dans la salle. Elle pouvait voir des gens discuter, rire, et partager des idées. L'énergie était contagieuse.

Alors que la vente aux enchères commençait, Sophia regarda les gens lever leurs panneaux pour enchérir sur les articles. « Je ne savais pas qu'un événement caritatif pouvait être aussi dynamique ! » dit-elle à Mia.

Juste à ce moment-là, un problème inattendu surgit. Un des objets de la vente aux enchères manquait ! L'équipe paniqua, mais Sophia se rappela l'avoir vu dans la salle arrière plus tôt. « Je peux aller vérifier ! » dit-elle, se dirigeant rapidement vers l'arrière.

Quand elle trouva l'objet manquant, elle retourna à la vente aux enchères juste à temps. « Le voici ! » annonça-t-elle, en le tendant au commissaire-priseur. Le public applaudit, et l'événement continua sans encombre.

À la fin de la soirée, le gala avait récolté plus d'argent que prévu. Tout le monde était joyeux et soulagé. « Merci beaucoup pour ton aide ce soir ! » dit Mia à Sophia. « Tu as été incroyable ! »

Sophia sourit, se sentant fière de sa contribution. « Je n'avais pas idée à quel point il serait gratifiant de participer à cela. J'ai vraiment adoré ! »

Alors que les invités commençaient à partir, Sophia réalisa qu'elle avait découvert une nouvelle passion pour le service communautaire. Elle se sentait inspirée à s'impliquer dans d'autres événements à l'avenir.

Ce soir-là, Sophia n'avait pas seulement profité d'un merveilleux gala, mais elle avait aussi appris l'importance de la communauté et du travail d'équipe. Elle quitta la salle, reconnaissante de l'expérience et impatiente de faire une différence dans sa ville.

Vocabulary List

French Word	English Translation
un gala	a gala
une œuvre caritative	a charity
un bénévole	a volunteer
un événement	an event
une vente aux enchères	an auction
un objet	an item
un commissaire-priseur	an auctioneer
une table	a table
une école	a school
une entreprise	a business
un bon	a voucher
une œuvre d'art	artwork
un projet communautaire	a community project
une décoration	a decoration
organiser	to organize
inspirer	to inspire
contribuer	to contribute
récolter des fonds	to raise money
un invité	a guest
un impact	an impact

Questions about the Story

1. Why was Sophia excited to attend the gala?
   a) She was interested in the auction items
   b) She was eager to raise money for local schools and projects
   c) She wanted to meet new people

2. What problem did Mia mention to Sophia?
   a) Some guests were late
   b) The venue was too small
   c) There were not enough volunteers

3. What was one of the auction items that Mia mentioned?
   a) A weekend getaway
   b) A new car
   c) A concert ticket

4. What issue arose during the auction?
   a) The auctioneer got sick
   b) One of the auction items was missing
   c) The guests were not bidding

5. How did Sophia feel by the end of the gala?
   a) Disappointed with the event's outcome
   b) Proud of her contribution and inspired to help more
   c) Tired and ready to go home

Answer Key

1. b
2. c
3. a
4. b
5. b

Le Journal de Voyage

Emma avait toujours rêvé de voyager dans un nouveau pays. Cette année, elle décida enfin de visiter un magnifique pays connu pour sa riche culture, sa délicieuse cuisine et ses habitants chaleureux. Avant de partir, elle acheta un journal de voyage pour documenter ses expériences.

Le premier jour dans le pays, Emma ressentit un mélange d'excitation et de nervosité. En arrivant à l'aéroport, les sons et les vues étaient écrasants. Les gens parlaient une langue différente, et tout semblait nouveau et inconnu.

« C'est le moment de commencer mon aventure ! » se dit-elle en ouvrant son journal de voyage. Elle écrivit : « Jour 1 : Arrivée dans un nouveau pays ! C'est différent, mais je suis prête à explorer ! »

Après s'être installée à l'hôtel, Emma partit à la découverte de la ville. Elle se promena dans les rues animées, étonnée par les marchés colorés et l'atmosphère vibrante. L'odeur des épices flottait dans l'air, lui donnant faim. Elle s'arrêta à un stand de nourriture et commanda un plat local.

« Délicieux ! » écrivit-elle dans son journal après avoir pris sa première bouchée. « Les saveurs sont si riches et différentes de celles de chez moi. »

En continuant son exploration, Emma remarqua de nombreuses différences culturelles. Les gens se saluaient chaleureusement, souvent avec un sourire et un signe de tête. « Dans mon pays, on ne salue pas toujours les inconnus de cette façon, » nota-t-elle. « C'est agréable de voir autant de convivialité. »

Tout au long de son voyage, Emma garda son journal près d'elle, écrivant chaque jour sur ses expériences. Elle visita des musées, assista à des festivals locaux et rencontra de nombreuses personnes intéressantes. Un soir, elle assista à une représentation de danse traditionnelle. « Les danseurs sont tellement talentueux ! Leurs costumes sont magnifiques et colorés, » écrivit-elle. « J'adore leur passion pour leur culture. »

Cependant, tout ne fut pas facile. Un jour, alors qu'elle essayait de se repérer dans le système de transport en commun, Emma se perdit. Elle se sentit frustrée et anxieuse. « J'aimerais mieux parler la langue, » écrivit-elle. Mais elle se rappela un conseil qu'elle avait lu : « Parfois, demander de l'aide peut mener à de nouvelles amitiés. »

Prenant une profonde inspiration, Emma s'approcha d'une femme à l'air sympathique à un arrêt de bus. « Excusez-moi, pouvez-vous m'aider ? » demanda-t-elle timidement. À sa grande surprise, la femme sourit et la guida vers le bon bus. « Vous êtes courageuse de voyager seule, » dit-elle. Emma ressentit une vague de gratitude. « Merci beaucoup ! »

Cette rencontre aida Emma à comprendre l'importance de sortir de sa zone de confort. Elle commença à se sentir plus confiante en parlant aux habitants et en essayant de nouvelles choses.

Au fur et à mesure de son voyage, Emma documenta ses réflexions dans son journal. « Jour 10 : J'ai tellement appris sur cette culture, et je grandis en tant que personne. Je deviens plus ouverte d'esprit et adaptable, » écrivit-elle.

Le dernier jour, Emma visita un magnifique parc rempli de cerisiers en fleurs. Elle s'assit sur un banc, admirant le paysage. « Cet endroit va me manquer, » pensa-t-elle. Elle ouvrit une dernière fois son journal et écrivit : « Ce voyage m'a changée. J'ai relevé des défis, découvert une nouvelle culture et rencontré des gens extraordinaires. Je garderai ces souvenirs avec moi pour toujours. »

En montant à bord de son vol pour rentrer, Emma ressentit un mélange de tristesse et de bonheur. Elle était heureuse de rentrer mais savait que son journal de voyage contenait l'essence de son voyage. Ce n'était pas seulement un récit de ses aventures ; c'était une réflexion sur sa croissance et les expériences qui l'avaient façonnée.

Avec son journal à la main, Emma sourit, sachant que ce n'était que le début de nombreuses autres aventures à venir.

Vocabulary List

French Word	English Translation
un pays	a country
un journal de voyage	a travel diary
une aventure	an adventure
un marché	a market
une épice	a spice
un plat local	a local dish
un festival	a festival
un musée	a museum
une danse traditionnelle	a traditional dance
un costume	a costume
un arrêt de bus	a bus stop
la langue	the language
se repérer	to navigate
une rencontre	an encounter
la zone de confort	the comfort zone
grandir	to grow
se perdre	to get lost
un cerisier en fleurs	a cherry blossom tree
un souvenir	a memory
une découverte	a discovery

Questions about the Story

1. Why did Emma buy a travel diary?
   a) To write down the local language
   b) To document her experiences in a new country
   c) To plan her itinerary

2. What did Emma write about on her first day?
   a) Her excitement to try local food
   b) The weather in the new country
   c) Her feeling of excitement and nervousness upon arriving

3. How did Emma describe the local people's way of greeting?
   a) Cold and distant
   b) Warm and friendly
   c) Formal and serious

4. What challenge did Emma face during her trip?
   a) She lost her wallet
   b) She got lost while using public transportation
   c) She didn't like the local food

5. What did Emma realize by the end of her trip?
   a) She missed her home country
   b) She was ready to settle in the new country
   c) She had grown and learned from the experience

Answer Key

1. b
2. c
3. b
4. b
5. c

Le Dîner

Mark et Julia attendaient avec impatience d'organiser leur premier dîner depuis des semaines. Ils voulaient inviter des amis proches et créer une atmosphère chaleureuse et accueillante. Ils décidèrent de préparer un délicieux repas en trois services et de dresser la table avec leur plus belle vaisselle.

Le soir du dîner, l'arôme de poulet rôti et de légumes remplissait leur appartement douillet. Julia disposa des bougies sur la table, et Mark versa des verres de vin. « J'espère que tout le monde aimera la nourriture, » dit-il, un peu nerveux.

Lorsque leurs amis arrivèrent, l'atmosphère était animée d'excitation. Sarah et Tom furent les premiers à arriver. « Tout a l'air incroyable ! » s'exclama Sarah, admirant la disposition de la table.

« Merci ! Nous avons été occupés toute la journée, » répondit Julia en souriant. « Commençons par quelques amuse-gueules ! »

Après avoir dégusté les entrées, tout le monde se rassembla autour de la table pour le plat principal. Pendant qu'ils mangeaient, la conversation coulait naturellement. Ils parlèrent de leur travail, de leurs voyages récents et échangèrent des anecdotes amusantes de leur vie.

Après le dîner, Mark décida de changer de sujet. « Que pensez-vous de la situation politique actuelle ? » demanda-t-il, lançant une discussion animée.

La pièce devint silencieuse un instant, chacun réfléchissant à ses pensées. Puis Tom prit la parole. « Je pense qu'il est important d'être conscient de ce qui se passe dans le monde. Cela nous affecte tous. »

Julia hocha la tête en signe d'accord. « Oui, mais parfois, c'est accablant. J'aimerais que les gens se concentrent davantage sur les solutions plutôt que de simplement se disputer, » ajouta-t-elle.

Sarah, habituellement silencieuse pendant les discussions, prit soudain la parole. « Je crois que nous pouvons faire une différence dans nos propres communautés. Les petites actions peuvent entraîner de grands changements. »

Mark et Julia échangèrent des regards surpris. Ils ne s'attendaient pas à une opinion aussi affirmée de sa part. « C'est un excellent point, Sarah ! Quel genre d'actions as-tu en tête ? » demanda Mark.

Sarah sourit, se sentant encouragée. « Je fais du bénévolat dans une banque alimentaire locale. C'est une petite façon d'aider ceux qui en ont besoin. Tout le monde peut faire quelque chose, aussi petit que ce soit. »

Au fil de la discussion, ils passèrent de la politique à la philosophie. « Que pensez-vous du sens de la vie ? » demanda Tom, s'adossant à sa chaise.

Julia éclata de rire, « C'est une grande question pour un dîner ! » Mais tout le monde se pencha, désireux de partager ses réflexions.

Mark partagea son point de vue. « Je crois que le sens de la vie est lié aux relations. Les liens que nous créons et l'amour que nous partageons sont ce qui compte vraiment. »

Tom acquiesça. « Je pense aussi que c'est une question de croissance. Nous apprenons de nos expériences, bonnes et mauvaises, et cela façonne qui nous sommes. »

Sarah ajouta, « Pour moi, c'est une question de bonheur. Trouver de la joie dans les petites choses, comme passer du temps avec des amis, c'est ce qui rend la vie significative. »

Alors qu'ils discutaient de leurs points de vue différents, les amis réalisèrent à quel point ils apprenaient les uns des autres. Ils s'écoutaient et respectaient les opinions de chacun, ce qui approfondissait leur lien.

Enfin, Julia proposa, « Partageons chacun un objectif que nous souhaitons atteindre au cours de l'année à venir. »

Ils prirent tour à tour la parole pour partager leurs objectifs, allant de voyages vers de nouveaux endroits à l'apprentissage de nouveaux passe-temps. C'était inspirant d'entendre les rêves et aspirations de chacun.

À la fin de la soirée, Mark et Julia se sentirent reconnaissants envers leurs amis et les conversations significatives qu'ils avaient eues. « Merci à tous d'être venus. C'était une soirée merveilleuse, » dit Julia en aidant les invités à prendre leurs manteaux.

« Faisons ça plus souvent ! » dit Tom avec enthousiasme.

Alors que leurs amis partaient, Mark et Julia se sourirent, réalisant que le dîner avait non seulement apporté de la bonne nourriture mais aussi des discussions profondes et des révélations surprenantes. Ils savaient que ces connexions et ces conversations étaient ce qui rendait la vie plus riche.

Vocabulary List

French Word	English Translation
un dîner	a dinner
un repas en trois services	a three-course meal
un invité	a guest
des amuse-gueules	appetizers
un plat principal	a main course
un bénévole	a volunteer
un objectif	a goal
une banque alimentaire	a food bank
une communauté	a community
un événement	an event
un sujet	a topic
une discussion	a discussion
un lien	a connection
un rêve	a dream
une aspiration	an aspiration
une philosophie	a philosophy
une opinion	an opinion
un sens	a meaning
la politique	politics
la croissance	growth

Questions about the Story

1. What kind of meal did Mark and Julia prepare for their friends?
   a) A buffet
   b) A three-course meal
   c) A simple one-dish meal

2. What topic did Mark bring up after dinner?
   a) Travel plans
   b) The current political situation
   c) Favorite books

3. What did Sarah share about her involvement in the community?
   a) She volunteered at a local food bank
   b) She worked with children at a local school
   c) She participated in environmental projects

4. What was the philosophical question Tom asked?
   a) "What is happiness?"
   b) "What is the meaning of life?"
   c) "What makes a person successful?"

5. What did Julia suggest the friends do toward the end of the dinner party?
   a) Share one goal they want to achieve in the coming year
   b) Play a game
   c) Plan another dinner party soon

Answer Key

1. b
2. b
3. a
4. b
5. a

Le Défi de l'Escape Room

Un samedi après-midi, un groupe d'amis—Emma, Jake, Sarah et Alex—décida d'essayer quelque chose de nouveau : un défi dans une escape room. Ils en avaient beaucoup entendu parler et étaient impatients de tester leurs compétences en résolution de problèmes et en travail d'équipe. « J'ai hâte ! » dit Emma lorsqu'ils arrivèrent au lieu de l'escape room.

Le bâtiment était décoré d'affiches mystérieuses et d'un éclairage tamisé, créant une atmosphère excitante. Ils se présentèrent à la réception, où un membre du personnel amical leur expliqua les règles. « Vous avez 60 minutes pour résoudre les énigmes et sortir de la pièce, » dit-elle. « Travaillez ensemble et restez calmes ! »

Les amis entrèrent dans la première pièce, faiblement éclairée et remplie de vieux meubles, d'objets étranges et d'une boîte verrouillée. « Ok, séparons-nous et cherchons des indices, » suggéra Jake.

En fouillant la pièce, Emma remarqua un motif étrange sur le mur. « Regardez ça ! » appela-t-elle, en pointant le mur. Les autres se rassemblèrent autour d'elle. « On dirait un code. »

« Notons-le, » dit Sarah en sortant son téléphone. Ils notèrent rapidement le motif et continuèrent à chercher d'autres indices.

Alex trouva un vieux livre poussiéreux sur une étagère. « Ça pourrait nous aider ! » dit-il en feuilletant les pages. À l'intérieur, il découvrit une énigme qui semblait importante. « Écoutez ça : 'Je parle sans bouche et j'entends sans oreilles. Je n'ai pas de corps, mais je prends vie avec le vent.' Qu'en pensez-vous ? »

Le groupe réfléchit un moment. « On dirait que ça pourrait être 'écho', » suggéra Emma. « Peut-être que c'est un indice pour l'énigme suivante ? »

L'esprit en ébullition, ils travaillèrent ensemble pour résoudre l'énigme. Après quelques minutes de discussion, ils confirmèrent que la réponse était effectivement « écho ». Excités, ils cherchèrent dans la pièce quelque chose en rapport avec ce mot.

Soudain, Jake remarqua un haut-parleur sur le mur. « Peut-être qu'on doit interagir avec ça ! » dit-il en s'en approchant. Ils appuyèrent sur le bouton, et une voix retentit, leur donnant un autre indice.

L'atmosphère devint tendue alors que le chronomètre continuait à défiler. Ils assemblèrent rapidement les indices, ouvrirent des tiroirs, trouvèrent des clés et résolurent d'autres énigmes. Chaque petite victoire renforçait leur confiance.

Cependant, ils rencontrèrent aussi des difficultés. À un moment donné, ils ne purent pas ouvrir une boîte verrouillée. Frustrée, Sarah dit : « Nous devons rester concentrés. Réfléchissons à ce que nous avons jusqu'ici. »

Emma hocha la tête. « Et si on combinait les indices ? Parfois, la réponse est juste devant nous. » Avec une énergie renouvelée, ils brainstormèrent ensemble, reliant les indices entre eux.

Finalement, ils découvrirent que la combinaison de la boîte était cachée dans l'un des tableaux accrochés au mur. « On l'a fait ! » s'écria Alex en ouvrant la boîte, révélant une clé pour la porte finale.

Avec seulement cinq minutes restantes au chronomètre, ils se précipitèrent vers la porte et utilisèrent la clé pour la déverrouiller. La porte s'ouvrit, et ils se précipitèrent dans la pièce suivante, remplie de nouveaux défis.

« Oh non, il faut résoudre ça aussi ? » s'exclama Jake en jetant un coup d'œil aux nouvelles énigmes.

Mais Emma regarda ses amis et sourit. « Nous sommes arrivés jusque-là ensemble. On peut le faire ! »

Grâce à leur esprit d'équipe et leur détermination, ils abordèrent les dernières énigmes. Lorsque le chronomètre atteignit zéro, ils résolurent le dernier défi juste à temps. La porte de l'escape room s'ouvrit, et ils sortirent en courant, en criant de joie et en riant.

« C'était incroyable ! » dit Sarah, essoufflée par l'excitation. « On l'a vraiment fait ! »

Emma rayonnait. « Nous avons tellement appris sur le travail en équipe sous pression. Je me suis tellement amusée ! »

En quittant le lieu de l'escape room, les amis repensèrent à l'expérience. Ils savaient qu'ils s'étaient rapprochés et qu'ils avaient découvert la puissance du travail d'équipe. Le défi de l'escape room n'était pas seulement une question de résoudre des énigmes ; il s'agissait de se faire confiance et d'affronter les défis ensemble. Ils avaient hâte de vivre leur prochaine aventure !

Vocabulary List

French Word	English Translation
une énigme	a puzzle
une boîte	a box
un indice	a clue
un haut-parleur	a speaker
résoudre	to solve
un défi	a challenge
le travail d'équipe	teamwork
un riddle	a riddle
un chronomètre	a timer
verrouillé	locked
un meuble	a piece of furniture
la pression	pressure
la lumière tamisée	dim lighting
un personnage	a character
une victoire	a victory
un livre poussiéreux	a dusty book
un tableau	a painting
l'atmosphère	the atmosphere
une combinaison	a combination
sortir	to escape

Questions about the Story

1. Why did the group of friends decide to try an escape room?
   a) To celebrate someone's birthday
   b) To test their problem-solving skills and teamwork
   c) To raise money for charity

2. What did Emma find on the wall?
   a) A hidden key
   b) A strange pattern
   c) A painting

3. What was the answer to the riddle found in the book?
   a) Wind
   b) Silence
   c) Echo

4. What did they find inside the locked box?
   a) A map
   b) A key to the final door
   c) A flashlight

5. How did the friends feel after finishing the escape room challenge?
   a) Disappointed because they ran out of time
   b) Excited and proud of their teamwork
   c) Frustrated because the puzzles were too hard

Answer Key

1. b
2. b
3. c
4. b
5. b

Le Projet de Quartier

Dans une petite ville, il y avait un parc qui était tombé en ruine. L'herbe était envahie, les bancs étaient cassés, et le terrain de jeu était rempli de mauvaises herbes. De nombreuses familles avaient l'habitude de profiter du parc, mais maintenant, il avait l'air triste et négligé.

Un samedi matin ensoleillé, Maria, une résidente locale, décida qu'il fallait agir. « Nous devrions revitaliser le parc et rassembler notre communauté ! » s'exclama-t-elle lors de la réunion hebdomadaire du quartier.

Quelques habitants avaient l'air incertains. « Comment pouvons-nous faire une différence ? » demanda Tom, un vieil homme vivant à proximité. « Cela semble être une tâche énorme. »

Maria sourit. « Si nous travaillons tous ensemble, nous pouvons y arriver ! Nous pouvons organiser un projet de quartier. Nous pouvons nettoyer le parc, planter des fleurs, et réparer le terrain de jeu ! »

Peu à peu, les gens commencèrent à hocher la tête en signe d'accord. « Je peux aider à nettoyer et à planter, » dit Lisa, une jeune mère. « Mes enfants seraient ravis de jouer à nouveau dans un joli parc. »

« Je peux apporter des outils et du matériel de mon garage, » ajouta Mike, un bricoleur sympathique. « Nous pourrons réparer les bancs et le terrain de jeu. »

Avec l'enthousiasme grandissant, ils fixèrent une date pour le projet et commencèrent à en parler autour d'eux. Maria créa des affiches colorées et les distribua dans tout le quartier. Bientôt, de nombreux habitants étaient impatients de se joindre à l'effort.

Le jour du projet de quartier, le soleil brillait de mille feux. Des familles, des enfants et des seniors se rassemblèrent au parc avec des gants, des sacs poubelle, et des outils de jardinage. Maria regarda autour d'elle et ressentit une vague de bonheur. « C'est incroyable ! Merci à tous d'être venus ! »

Ils commencèrent à nettoyer, et les rires et les conversations emplirent l'air. Ils travaillaient dur, ramassant les déchets, arrachant les mauvaises herbes, et taillant les buissons envahis. « Regardez ça ! J'ai trouvé un ballon de foot ! » cria un petit garçon nommé Leo, en le brandissant fièrement.

« Super découverte, Leo ! » répondit Maria en souriant. « On pourra jouer au foot quand on aura terminé ! »

Après quelques heures de dur labeur, ils firent une pause pour savourer quelques rafraîchissements. Les familles partagèrent des collations, et les enfants jouèrent ensemble dans les zones nouvellement dégagées.

« Je n'avais jamais réalisé à quel point cela serait amusant, » dit Tom, en sirotant de la limonade. « C'est agréable de voir tout le monde travailler ensemble. »

Maria acquiesça. « Ce parc fait partie de notre communauté. Nous devrions en prendre soin ! »

Inspirés par l'esprit d'équipe, ils poursuivirent leurs efforts. Avec l'aide de Mike, ils réparèrent les bancs et le terrain de jeu. Lisa apporta des fleurs à planter, et tout le monde aida à embellir le parc.

Alors que le soleil commençait à se coucher, ils reculèrent pour admirer leur travail. Le parc avait retrouvé vie et était à nouveau accueillant. « Nous l'avons fait ! » s'exclama Lisa en applaudissant.

Les habitants se rassemblèrent pour une photo de groupe devant le parc revitalisé. « Ce n'est que le début, » dit Maria. « Faisons de cela un événement régulier et continuons à améliorer notre communauté ! »

Tout le monde applaudit en accord. Ils réalisèrent que le projet de quartier ne consistait pas seulement à réparer le parc ; il s'agissait aussi de nouer des amitiés et de créer un sentiment d'appartenance.

En quittant le parc ce soir-là, ils étaient fiers de leur travail et impatients de participer à de futurs projets. Ils avaient découvert l'importance de l'engagement communautaire et comment, ensemble, ils pouvaient créer un meilleur endroit pour tous.

Vocabulary List

French Word	English Translation
un projet	a project
un quartier	a neighborhood
un parc	a park
rénover	to revitalize
des mauvaises herbes	weeds
un banc	a bench
des outils	tools
un bricoleur	a handyman
un ballon	a ball
un terrain de jeu	a playground
un jardinage	gardening
une affiche	a flyer/poster
un senior	a senior citizen
un rafraîchissement	a refreshment
une communauté	a community
réparer	to fix
une tâche	a task
un sentiment d'appartenance	a sense of belonging
embellir	to beautify
un événement	an event

Questions about the Story

1. What was the condition of the park before the project?
   a) It was in great shape
   b) It was overgrown and neglected
   c) It was already being renovated

2. Who first suggested the idea of revitalizing the park?
   a) Tom
   b) Maria
   c) Lisa

3. What did Mike offer to bring to help with the project?
   a) Refreshments
   b) Flowers
   c) Tools and equipment

4. What did the children find during the park cleanup?
   a) A soccer ball
   b) A hidden bench
   c) A broken swing

5. How did the residents feel after finishing the project?
   a) Disappointed with their progress
   b) Proud and excited about future projects
   c) Tired and uninterested in future events

Answer Key

1. b
2. b
3. c
4. a
5. b

L'Art de la Conversation

Lily était une personne timide. Elle avait souvent du mal à entamer des conversations, surtout avec des inconnus. Lorsqu'elle reçut une invitation à un événement de réseautage pour jeunes professionnels, elle se sentit à la fois excitée et anxieuse. « Cela pourrait être une excellente opportunité, » pensa-t-elle, mais l'idée de parler à de nouvelles personnes la rendait nerveuse.

Le jour de l'événement, Lily enfila sa robe préférée et prit une grande inspiration avant de quitter son appartement. « Sois juste toi-même, » se dit-elle. « Tout ira bien. »

Lorsqu'elle arriva sur place, elle fut accueillie par une atmosphère animée. Les gens discutaient et riaient, et la salle était remplie d'énergie. Cependant, Lily se sentit dépassée. Elle resta près de l'entrée, incertaine de ce qu'elle devait faire.

Après quelques instants, elle aperçut un petit groupe de personnes près des rafraîchissements. « Peut-être que je peux les rejoindre, » pensa-t-elle. Rassemblant son courage, Lily s'approcha et prit un verre.

« Salut ! Je m'appelle Sarah, » dit une femme souriante. « Est-ce que tu es nouvelle ici ? »

« Oui, c'est ma première fois, » répondit Lily, se sentant un peu timide mais soulagée que quelqu'un lui ait parlé. « Je m'appelle Lily. »

En discutant, Lily se rendit compte que Sarah était facile à aborder. Elles parlèrent de leur travail et de leurs centres d'intérêt, et Lily sentit sa confiance grandir. « Ce n'est pas si terrible, » pensa-t-elle.

À ce moment-là, une autre personne rejoignit la conversation. « Bonjour ! Je m'appelle Tom. De quoi parliez-vous ? » demanda-t-il en souriant.

« On parlait de nos loisirs préférés, » répondit Sarah.

Encouragée, Lily ajouta : « J'adore peindre pendant mon temps libre. Ça m'aide à me détendre. »

« Oh, c'est génial ! Moi, je ne sais pas peindre, mais j'aime beaucoup la photographie, » dit Tom. « As-tu déjà pensé à combiner les deux ? »

Lily réfléchit un instant. « Je n'y avais jamais pensé. Ça pourrait être intéressant ! »

À mesure que la conversation se poursuivait, Lily se sentit de plus en plus à l'aise. Elle apprit comment poser des questions et partager ses propres idées. Plus elle parlait, plus elle réalisait que les gens appréciaient autant qu'elle de discuter.

Après un moment, Sarah suggéra de se déplacer vers une autre zone où un intervenant allait bientôt parler. « Allons-y ! » dit-elle. Lily suivit, impatiente d'entendre quelqu'un d'expérimenté dans leur domaine.

L'intervenant partagea des conseils sur le réseautage et l'importance de créer des connexions. « Tout repose sur des conversations significatives, » dit-il. « N'ayez pas peur de partager vos idées. On ne sait jamais qui pourrait être inspiré par votre histoire. »

Lily écouta attentivement, se sentant inspirée. Elle réalisa que chaque conversation était une chance d'apprendre et de se connecter aux autres. Après la présentation, elle décida d'aller vers d'autres personnes.

« Bonjour, je m'appelle Lily, » se présenta-t-elle à un petit groupe. Ils l'accueillirent avec le sourire, et bientôt elle se retrouva engagée dans une autre conversation intéressante à propos de leurs carrières.

Alors que la soirée touchait à sa fin, Lily ressentit un sentiment d'accomplissement. Elle avait rencontré de nouvelles personnes, partagé ses intérêts, et même prévu de prendre un café avec Sarah et Tom.

En rentrant chez elle, elle repensa à la soirée. « Je l'ai fait ! J'ai affronté mes peurs et appris l'art de la conversation, » pensa-t-elle en souriant.

Lily réalisa que le réseautage ne consistait pas seulement à établir des connexions professionnelles ; il s'agissait aussi de nouer des amitiés et de partager des expériences. Elle se sentit fière de ses progrès et était impatiente de saisir d'autres opportunités pour se connecter avec les autres.

Vocabulary List

French Word	English Translation
un réseautage	networking
une conversation	a conversation
une opportunité	an opportunity
se détendre	to relax
un événement	an event
un intervenant	a speaker
une idée	an idea
une peur	a fear
une connexion	a connection
une expérience	an experience
un groupe	a group
un sourire	a smile
un professionnel	a professional
la présentation	the presentation
un sentiment d'accomplissement	a sense of accomplishment
un café	a coffee
rencontrer	to meet
discuter	to chat
encourager	to encourage
réfléchir	to think

Questions about the Story

1. What made Lily nervous about attending the event?
   a) She didn't know what to wear
   b) She found it difficult to start conversations with strangers
   c) She had never been to that venue before

2. Who was the first person to speak to Lily at the event?
   a) Tom
   b) Sarah
   c) Emma

3. What hobby did Lily mention during the conversation?
   a) Photography
   b) Writing
   c) Painting

4. What advice did the speaker give during the event?
   a) "Always bring business cards to events"
   b) "Networking is only about professional connections"
   c) "Don't be afraid to share your ideas"

5. What did Lily realize about networking by the end of the evening?
   a) That it's only about making business contacts
   b) That it can also be about building friendships and sharing experiences
   c) That it's better to avoid talking to too many people

Answer Key

1. b
2. b
3. c
4. c
5. b

L'Activisme Environnemental

Dans une petite ville, un groupe d'amis—Emma, Jake, Sarah et Alex—décida d'agir contre le changement climatique. Ils étaient passionnés par la protection de l'environnement et pensaient que leur communauté devait être plus consciente des problèmes affectant la planète. Un soir, en discutant de leurs préoccupations autour d'un café, Emma suggéra : « Organisons une campagne pour sensibiliser au changement climatique ! »

Les autres étaient enthousiasmés par l'idée. « Cela semble génial ! Nous pourrions organiser des ateliers, créer des flyers, et même organiser un nettoyage communautaire, » dit Jake, déjà en train de proposer des idées.

Ils décidèrent de se réunir chaque week-end pour planifier leur campagne. Emma se concentra sur la création d'affiches accrocheuses, tandis que Sarah faisait des recherches sur les faits concernant le changement climatique à partager. Jake organisa un nettoyage communautaire dans le parc local, et Alex s'occupa de contacter des entreprises locales pour obtenir leur soutien.

À l'approche de la date de la campagne, ils promurent leur événement sur les réseaux sociaux et dans le journal local. « Rejoignez-nous pour une journée d'apprentissage et d'action ! Protégeons notre planète ensemble ! » écrivirent-ils.

Le jour de l'événement, le soleil brillait et le parc était rempli de monde. Des familles, des enfants et des amis se rassemblèrent pour en apprendre davantage sur le changement climatique. Emma parla avec passion de l'importance de réduire les déchets et d'utiliser des produits durables. « Chaque petite action compte ! Ensemble, nous pouvons faire la différence, » dit-elle, encourageant tout le monde à s'impliquer.

Cependant, tout le monde n'était pas favorable à leur campagne. Un groupe de propriétaires d'entreprises locales, préoccupés par l'impact des réglementations environnementales sur leurs bénéfices, protesta contre l'événement. « Vous, les jeunes, vous ne comprenez pas à quel point il est difficile de diriger une entreprise, » dit un propriétaire, secouant la tête. « Vos idées sont irréalistes ! »

Jake ressentit un mélange de frustration et de détermination. « Nous ne sommes pas là pour nuire aux entreprises. Nous voulons créer un avenir meilleur pour tout le monde. Si nous n'agissons pas maintenant, il se pourrait qu'il n'y ait pas d'avenir ! »

Les activistes continuèrent à partager leur message, et de nombreux participants étaient impatients d'en savoir plus. Sarah anima un atelier sur la réduction de l'utilisation du plastique à la maison, tandis qu'Alex partagea des conseils sur la conservation de l'énergie. Au fur et à mesure qu'ils parlaient, de plus en plus de gens se joignaient à la conversation, posant des questions et partageant leurs propres expériences.

Peu à peu, certains des propriétaires d'entreprises commencèrent à écouter. Ils virent la passion et l'engagement des jeunes activistes et commencèrent à envisager leur point de vue. « Peut-être pourrions-nous travailler ensemble, » dit un propriétaire à Emma. « Je n'avais pas réalisé à quel point cela affectait notre communauté. »

Au fil de la journée, les activistes reçurent des retours positifs des participants. Beaucoup de gens s'inscrivirent pour être bénévoles lors de futurs événements et exprimèrent leur volonté de changer leurs habitudes. « Je veux aider ! Je ne savais pas à quel point c'était important, » dit un résident local.

Après l'événement, Emma, Jake, Sarah et Alex se sentirent fiers de ce qu'ils avaient accompli. Ils avaient sensibilisé et engagé leur communauté dans des conversations significatives sur le changement climatique. « Ce n'est que le début, » dit Emma, les yeux brillants de détermination.

Dans les semaines qui suivirent, le groupe poursuivit son activisme, organisant davantage d'événements et collaborant avec des entreprises locales pour promouvoir des pratiques durables. Ils rencontrèrent des défis, mais ils trouvèrent aussi du soutien et des encouragements au sein de leur communauté.

Cette expérience leur enseigna la puissance de la persévérance et l'importance du travail d'équipe. Grâce à leurs efforts, ils non seulement sensibilisèrent au changement climatique, mais ils renforcèrent aussi leur communauté, unie dans son engagement à protéger l'environnement pour les générations futures.

Vocabulary List

French Word	English Translation
un changement climatique	climate change
une communauté	a community
un atelier	a workshop
un nettoyage	a cleanup
un bénévole	a volunteer
une entreprise	a business
un propriétaire	an owner
des déchets	waste
durable	sustainable
un événement	an event
sensibiliser	to raise awareness
l'environnement	the environment
les bénéfices	profits
la persévérance	persistence
promouvoir	to promote
soutenir	to support
organiser	to organize
un règlement	a regulation
s'impliquer	to get involved
une pratique durable	a sustainable practice

Questions about the Story

1. What was the main goal of Emma and her friends' campaign?
   a) To protest against local businesses
   b) To raise awareness about climate change
   c) To organize a community sports event

2. What role did Jake play in the campaign?
   a) He designed posters
   b) He organized a community cleanup
   c) He led a workshop on energy conservation

3. Why did some business owners initially protest against the event?
   a) They didn't believe in climate change
   b) They thought environmental regulations would harm their profits
   c) They wanted to organize their own event instead

4. What did Sarah's workshop focus on?
   a) Reducing plastic use at home
   b) Planting trees in the park
   c) Conserving energy

5. What did Emma and her friends realize by the end of the event?
   a) They couldn't convince anyone to change their habits
   b) Their campaign didn't have much impact
   c) They could make a difference by working together with the community

Answer Key

1. b
2. b
3. b
4. a
5. c

Les Secrets de Famille

Lorsque Emily apprit la nouvelle du décès de sa grand-mère, elle ressentit un mélange de tristesse et de nostalgie. Sa grand-mère, qui avait toujours été une grande partie de sa vie, laissait derrière elle de nombreux souvenirs précieux. Alors que la famille se réunissait pour faire son deuil, Emily décida d'aider à trier les affaires de sa grand-mère dans l'ancienne maison familiale.

Un après-midi pluvieux, Emily commença à vider le grenier. Il était rempli de cartons, de vieux meubles poussiéreux et de vieilles photos. En ouvrant le premier carton, elle trouva des vêtements d'il y a des décennies, soigneusement pliés et soigneusement conservés. « Waouh, Grand-mère avait un style unique ! » pensa Emily en souriant en regardant les robes vintage.

En creusant plus profondément, elle tomba sur un vieux coffre en bois. Il était fermé à clé, mais Emily remarqua une petite clé suspendue à un crochet à proximité. Curieuse, elle prit la clé et déverrouilla le coffre. À l'intérieur, elle trouva une collection de lettres, de photographies et un vieux journal intime.

Intriguée, Emily prit le journal et commença à lire. Il appartenait à sa grand-mère et racontait sa vie lorsqu'elle était jeune femme. Les pages étaient remplies d'histoires d'amour, de rêves et de défis. Mais au fil de sa lecture, Emily découvrit quelque chose d'inattendu. Il y avait des mentions d'un « amour secret » que sa grand-mère avait gardé caché.

« Qui était-il ? » se demanda Emily. Le journal décrivait une romance qui s'était terminée brusquement, et sa grand-mère n'en avait jamais parlé à personne dans la famille.

Emily ressentit un mélange de curiosité et d'inquiétude. « Pourquoi ne nous en a-t-elle jamais parlé ? »

Déterminée à en savoir plus, Emily continua de lire les lettres. Certaines étaient adressées à un homme nommé Thomas, quelqu'un dont Emily n'avait jamais entendu parler. Les lettres parlaient de sentiments profonds et de projets pour l'avenir, mais elles s'arrêtaient brusquement. C'était comme si cette partie de la vie de sa grand-mère avait été effacée.

Emily décida d'en parler à sa mère. « Maman, j'ai trouvé des lettres dans le coffre de Grand-mère. Qui était Thomas ? » demanda-t-elle prudemment.

Le visage de sa mère pâlit. « Je… je ne savais pas pour lui, » dit-elle avec hésitation. « Grand-mère a toujours gardé cette partie de sa vie secrète. Je pense que c'était trop douloureux pour elle. »

« Que s'est-il passé ? » insista Emily, ressentant un mélange d'émotions.

Sa mère soupira. « Je crois qu'ils étaient amoureux, mais quelque chose s'est produit qui l'a forcée à passer à autre chose. Elle a épousé ton grand-père peu après, et je pense qu'elle a enfoui son passé pour se concentrer sur sa famille. »

Emily ressentit une profonde tristesse pour sa grand-mère. Elle réalisa que tout le monde a des secrets, et parfois, ces secrets façonnent leur vie d'une manière que nous ne pouvons pas voir.

Avec une nouvelle détermination, Emily décida d'honorer l'histoire de sa grand-mère. Elle rassembla les lettres et le journal, et décida de créer un album-souvenir qui célébrerait la vie de sa grand-mère, y compris les parties cachées. « C'est important, » pensa-t-elle. « Cela fait partie de qui elle était. »

En travaillant sur l'album-souvenir, Emily réfléchit aux leçons qu'elle avait apprises. Elle comprit que découvrir les secrets de famille pouvait les rapprocher, même si ces secrets étaient difficiles à entendre.

Lorsque l'album fut terminé, elle invita sa famille à partager ces souvenirs. Ils se rassemblèrent dans le salon, et Emily présenta le livre. « Je veux que nous nous souvenions de Grand-mère dans toute sa complexité, » expliqua-t-elle.

En feuilletant les pages, sa mère versa des larmes et ses frères et sœurs écoutèrent attentivement. Ils parlèrent du passé et partagèrent des histoires qu'ils n'avaient jamais abordées auparavant. La famille se sentit connectée d'une nouvelle manière, et Emily savait que l'esprit de sa grand-mère était présent parmi eux.

En découvrant les secrets de famille, Emily non seulement apprit à mieux connaître sa grand-mère, mais elle rapprocha aussi sa famille. L'expérience lui enseigna l'importance de partager des histoires et d'être ouvert à propos du passé, peu importe à quel point il peut être difficile.

Vocabulary List

French Word	English Translation
un grenier	an attic
un coffre	a chest
une lettre	a letter
une photographie	a photograph
un journal	a journal
un amour secret	a secret love
une romance	a romance
un souvenir	a memory
enfouir	to bury
un album-souvenir	a scrapbook
une famille	a family
un mystère	a mystery
découvrir	to discover
une émotion	an emotion
une génération	a generation
une leçon	a lesson
partager	to share
un passé	a past
un esprit	a spirit
se rassembler	to gather

Questions about the Story

1. Where did Emily find the chest?
   a) In the attic
   b) In the basement
   c) In the living room

2. What was inside the chest?
   a) Jewelry and money
   b) Letters, photographs, and a journal
   c) Only old photographs

3. Who was Thomas in the story?
   a) A man mentioned in the letters
   b) Emily's uncle
   c) Emily's grandfather

4. What did Emily decide to create with the letters and journal?
   a) A video presentation
   b) A scrapbook
   c) A photo album

5. How did Emily's family react to the stories in the scrapbook?
   a) They ignored them
   b) They were angry about the secrets
   c) They listened intently and shared their own stories

Answer Key

1. a
2. b
3. a
4. b
5. c

L'Expérience des Réseaux Sociaux

Un soir, Lucas faisait défiler son fil d'actualité sur les réseaux sociaux quand il se sentit soudainement submergé. Il remarqua combien de temps il passait en ligne, à vérifier les mises à jour, à faire défiler les photos, et à comparer sa vie à celle des autres. « Est-ce vraiment comme ça que je veux passer mon temps ? » pensa-t-il. Après un moment de réflexion, il décida de faire une pause des réseaux sociaux pendant un mois.

Le premier jour de son expérience, Lucas supprima toutes les applications de réseaux sociaux de son téléphone. Il ressentit un mélange d'excitation et d'anxiété. « Que vais-je faire sans mes publications quotidiennes et mes mises à jour ? » se demanda-t-il. Mais il était déterminé à voir comment cette pause affecterait sa vie.

Au début, c'était difficile. Lucas était tenté de vérifier son téléphone toutes les quelques minutes. Les notifications et le sentiment de connexion lui manquaient. Cependant, au fil des jours, il commença à remarquer des changements. Sans les distractions constantes, il avait plus de temps pour se concentrer sur d'autres activités.

Il commença à lire des livres qui prenaient la poussière sur ses étagères. Un soir, il prit un roman et fut tellement absorbé par l'histoire qu'il perdit la notion du temps. « J'avais oublié à quel point j'aime lire ! » s'exclama-t-il à lui-même.

Lucas se mit également à explorer ses loisirs. Il passa plus de temps à peindre, quelque chose qu'il adorait mais qu'il n'avait pas fait depuis des années. « C'est tellement relaxant, » pensa-t-il en mélangeant les couleurs sur sa palette. Il se mit même à faire de longues promenades dans le parc, profitant de la nature et de l'air frais.

Au fil du mois, Lucas commença à réfléchir à ses relations. Sans les réseaux sociaux, il se sentait moins connecté à ses amis, mais il réalisa également qu'il manquait des interactions significatives. Il décida de contacter les gens plutôt que de simplement liker leurs publications.

Un jour, il appela son amie Mia. « Salut ! Ça fait un moment qu'on ne s'est pas parlé. Tu veux prendre un café ? » demanda-t-il. Mia fut ravie de l'entendre. « Bien sûr ! Ce sera super de se retrouver, » répondit-elle.

Quand ils se rencontrèrent, ils parlèrent et rirent pendant des heures, partageant des histoires et des expériences. « Ça m'avait manqué ! » dit Lucas, heureux. « Parler en personne est tellement mieux que de simplement liker les photos des autres. »

Il continua à contacter ses amis et sa famille tout au long du mois. Il invita d'autres personnes à le rejoindre pour des activités, comme des randonnées ou des soirées cinéma. Plus il se connectait face à face, plus il appréciait ces relations.

Le dernier jour de sa pause des réseaux sociaux, Lucas réfléchit à son expérience. Il réalisa que cette pause lui avait appris l'importance d'être présent et de valoriser les véritables connexions. Il se sentait plus épanoui et avait découvert de nouveaux loisirs en chemin.

À la fin du mois, Lucas décida de réinstaller les applications, mais avec une nouvelle perspective. Il utiliserait les réseaux sociaux de manière plus réfléchie, en limitant son temps en ligne et en se concentrant sur des connexions authentiques.

« Je suis content d'avoir fait cette pause, » pensa-t-il en souriant. « Cela m'a aidé à trouver un équilibre dans ma vie. »

Avec un nouveau sens des priorités, Lucas embrassa le monde qui l'entourait, prêt à profiter de la vie à la fois en ligne et hors ligne.

Vocabulary List

French Word	English Translation
un fil d'actualité	a news feed
une application	an app
des réseaux sociaux	social media
des notifications	notifications
se connecter	to connect
une distraction	a distraction
un passe-temps	a hobby
peindre	to paint
se détendre	to relax
une promenade	a walk
une réflexion	a reflection
un café	a coffee
une publication	a post
une amitié	a friendship
épanoui	fulfilled
une relation	a relationship
un équilibre	balance
une pause	a break
face à face	face-to-face
un roman	a novel

Questions about the Story

1. Why did Lucas decide to take a break from social media?
   a) He felt overwhelmed by how much time he spent online
   b) He wanted to spend more time with his friends
   c) He was having technical problems with his phone

2. What hobby did Lucas rediscover during his break?
   a) Photography
   b) Reading
   c) Playing video games

3. Who did Lucas call to reconnect with during his social media break?
   a) His mother
   b) His friend Mia
   c) His cousin

4. What did Lucas realize about talking in person versus liking posts on social media?
   a) Talking in person was more meaningful
   b) Liking posts was enough to stay connected
   c) Both were equally meaningful

5. How did Lucas feel at the end of his social media break?
   a) He regretted taking the break
   b) He felt fulfilled and more connected to his life
   c) He felt the same as before

Answer Key

1. a
2. b
3. b
4. a
5. b

Le Festival de Musique

C'était un samedi matin ensoleillé lorsque Mia, Jake, Sarah et Alex arrivèrent au festival de musique annuel de leur ville. Le festival était célèbre pour présenter une variété de groupes et de genres, et les amis étaient impatients de passer la journée à profiter de la musique en direct.

En entrant sur le site du festival, l'atmosphère était électrique. Des tentes colorées étaient installées partout, vendant de la nourriture, des boissons et des articles dérivés. Le son de la musique remplissait l'air alors qu'un groupe local jouait sur la scène principale. « Ça va être incroyable ! » dit Mia, les yeux brillants d'excitation.

Ils décidèrent de consulter le programme pour voir quels groupes ils voulaient voir. « Regardez ! Il y a un groupe appelé 'The Wild Roses' qui joue dans une heure », indiqua Jake. « J'ai entendu de bonnes choses à leur sujet ! »

« Allons-y ! J'adore découvrir de la nouvelle musique », répondit Sarah, son enthousiasme contagieux.

En se dirigeant vers la scène, ils s'arrêtèrent à un stand de nourriture. « Je veux essayer ces tacos ! » dit Alex en pointant un vendeur. Ils achetèrent de la nourriture et trouvèrent un endroit sur l'herbe pour manger tout en écoutant le groupe.

Lorsque 'The Wild Roses' commencèrent à jouer, la foule applaudit. Leur musique était un mélange de rock et de folk, et l'énergie était contagieuse. Mia se laissa emporter par le rythme, se balançant au son de la musique. « J'adore cette chanson ! » cria-t-elle pour se faire entendre par-dessus la musique.

Après leur performance, les amis décidèrent d'explorer le festival. Ils errèrent de scène en scène, découvrant différents genres et styles. Ils tombèrent sur une petite scène où un groupe de jazz jouait. La musique était douce et relaxante, un agréable changement de rythme par rapport aux performances précédentes.

« Waouh, je ne savais pas que j'aimais autant le jazz ! » dit Jake en tapant du pied en rythme. Ils s'assirent sur l'herbe, profitant de la musique et du soleil chaleureux.

Tout en profitant du festival, ils commencèrent à rencontrer de nouvelles personnes. À un moment donné, ils engagèrent une conversation avec un groupe de festivaliers assis à proximité. « Quels groupes avez-vous vus jusqu'à présent ? » demanda l'un d'eux.

« Juste 'The Wild Roses' et ce groupe de jazz », répondit Sarah. « On essaie de découvrir de la nouvelle musique. »

« Vous devriez voir 'Electric Dreams' plus tard ! C'est un groupe de musique électronique fantastique », suggéra l'un des nouveaux amis. « Leur spectacle va être dingue ! »

Intrigué, le groupe décida d'ajouter 'Electric Dreams' à leur liste. En continuant leur exploration, ils se retrouvèrent à danser avec des inconnus, à chanter en chœur et à profiter de l'atmosphère du festival.

Alors que le soleil commençait à se coucher, les amis se rassemblèrent près de la scène principale pour le spectacle principal. L'excitation dans l'air était palpable. « Je n'arrive pas à croire combien de nouveaux groupes nous avons découverts aujourd'hui », dit Mia, reconnaissante de cette expérience.

Lorsque 'Electric Dreams' montèrent sur scène, la foule éclata de joie. Leur performance était énergique, remplie de lumières captivantes et de rythmes qui donnaient envie de danser à tout le monde. Les amis se joignirent à la fête, riant et bougeant au rythme de la musique, se sentant totalement immergés dans l'instant.

À la fin de la soirée, Mia, Jake, Sarah et Alex étaient épuisés mais heureux. Ils avaient non seulement apprécié de la musique incroyable, mais ils s'étaient également fait de nouveaux amis et avaient créé des souvenirs inoubliables.

Sur le chemin du retour, ils parlèrent avec enthousiasme de leurs moments préférés. « Je ne savais pas que j'aimerais autant le jazz et la musique électronique ! » dit Jake.

« Je pense qu'on devrait venir à ce festival chaque année », ajouta Alex. « C'est une excellente façon de découvrir de la nouvelle musique et de rencontrer des gens intéressants. »

En arrivant chez eux, Mia sourit, repensant à la journée. Le festival de musique leur avait ouvert les yeux sur de nouveaux sons et de nouvelles expériences, leur rappelant la joie d'explorer différentes cultures à travers la musique. Ils étaient impatients de vivre leur prochaine aventure ensemble.

Vocabulary List

French Word	English Translation
un festival	a festival
une scène	a stage
la foule	the crowd
la musique en direct	live music
une tente	a tent
la nourriture	food
un stand	a stall
un genre	a genre
un groupe	a band
un rythme	a rhythm
applaudir	to cheer
un spectacle	a performance
un festivalier	a festival-goer
se balancer	to sway
explorer	to explore
découvrir	to discover
danser	to dance
une ambiance	an atmosphere
un souvenir	a memory
profiter	to enjoy

Questions about the Story

1. What was the name of the band that Jake suggested they see?
   a) Electric Dreams
   b) The Jazz Cats
   c) The Wild Roses

2. What kind of food did Alex want to try at the festival?
   a) Hot dogs
   b) Pizza
   c) Tacos

3. What genre of music did the group unexpectedly enjoy at a smaller stage?
   a) Electronic
   b) Jazz
   c) Rock

4. Who suggested that the group check out the band 'Electric Dreams'?
   a) Alex
   b) Jake
   c) A festival-goer they met

5. How did the friends feel by the end of the festival?
   a) Energized and ready for more
   b) Disappointed
   c) Tired but happy

Answer Key

1. c
2. c
3. b
4. c
5. c

La Lettre Mystérieuse

Un après-midi pluvieux, Alex triait le courrier lorsqu'il trouva une enveloppe qui lui était adressée. C'était inhabituel car elle était écrite à la main et n'avait pas d'adresse de retour. Curieux, il l'ouvrit avec précaution. À l'intérieur, il y avait une simple feuille de papier avec un court message :
« Retrouve-moi au vieux chêne dans le parc. J'ai quelque chose d'important à te dire. — Un ami. »

Le cœur d'Alex s'emballa. Qui était cet étranger ? Pourquoi voulait-il le rencontrer ? Il regarda dehors, le ciel gris, incertain s'il devait y aller. Après un moment d'hésitation, sa curiosité l'emporta. « Je dois découvrir de quoi il s'agit », pensa-t-il.

Il enfila sa veste et se dirigea vers le parc. Le vieux chêne était un point de repère dans la ville, connu pour son grand tronc et ses branches imposantes. En traversant le parc, il ressentait un mélange d'excitation et de nervosité.

Lorsqu'il arriva près du chêne, l'endroit était calme. Les branches se balançaient doucement dans le vent et les feuilles bruissaient doucement. Alex attendit, scrutant les environs pour voir si quelqu'un approchait. Il se sentait un peu idiot d'être venu, mais aussi intrigué.

C'est alors qu'une silhouette émergea de derrière l'arbre. C'était une fille d'environ son âge, avec des cheveux bouclés et un sourire amical. « Salut ! Tu dois être Alex », dit-elle en tendant la main. « Je m'appelle Mia. »

« Salut, oui ! J'ai reçu ta lettre », répondit Alex en lui serrant la main. « De quoi s'agit-il ? »

Mia prit une grande respiration. « Je sais que ça semble étrange, mais j'ai trouvé quelque chose qui appartenait à ta grand-mère. Je pense que cela a été caché pendant longtemps. »

Les yeux d'Alex s'écarquillèrent. « Ma grand-mère ? Que veux-tu dire ? »

Mia expliqua : « Je suis bénévole à la société historique locale, et en triant quelques vieilles boîtes, j'ai découvert une petite boîte à bijoux avec le nom de ta grand-mère dessus. À l'intérieur, j'ai trouvé une lettre qui t'était adressée. »

Elle sortit la boîte de son sac et la tendit à Alex. « Je pensais que cela pouvait être important, alors je voulais te la rendre. »

Alex ouvrit la boîte et découvrit un magnifique collier en argent, étincelant à la lumière. Il saisit la lettre, ses mains tremblant légèrement. Elle venait de sa grand-mère, écrite des années auparavant.

« Cher Alex », lut-il à voix haute, « si tu trouves ce collier, cela signifie que je ne suis plus avec toi. Ce collier représente la famille et l'amour. Porte-le avec fierté et souviens-toi de nos beaux moments ensemble. »

Les larmes emplirent les yeux d'Alex alors qu'il réalisait à quel point cette lettre et ce collier étaient précieux pour lui. « Merci beaucoup de m'avoir apporté cela, Mia », dit-il, la voix empreinte d'émotion. « Je n'avais aucune idée de son existence. »

Mia sourit chaleureusement. « Je suis contente d'avoir pu t'aider. Ta grand-mère avait une vie fascinante, et je pense que ce collier fait partie de son histoire. »

Reconnaissant, Alex demanda : « Est-ce que tu voudrais prendre un café avec moi ? J'aimerais en savoir plus sur ce que tu as trouvé et partager quelques histoires sur ma grand-mère. »

« Avec plaisir ! » répondit Mia, son visage s'illuminant.

En marchant vers un café à proximité, Alex se sentit connecté non seulement à sa grand-mère, mais aussi à cette nouvelle amie. La lettre mystérieuse l'avait conduit dans un voyage inattendu, découvrant l'histoire de sa famille et forgeant une nouvelle amitié.

Autour d'un café, ils discutèrent et rirent, partageant des histoires sur leurs vies respectives. Alex réalisa que parfois, des situations étranges pouvaient mener à de merveilleuses découvertes. Il était reconnaissant pour la lettre et la nouvelle direction que sa vie avait prise.

Vocabulary List

French Word	English Translation
Enveloppe	Envelope
Curieux	Curious
Arbre	Tree
Collier	Necklace
Lettre	Letter
Découverte	Discovery
Bénévole	Volunteer
Bijoux	Jewelry
Historique	Historical
Famille	Family
Cœur	Heart
Parc	Park
Secret	Secret
Ami	Friend
Voix	Voice
Histoire	Story
Tristesse	Sadness
Attendre	Wait
Émotion	Emotion
Café	Coffee

Questions about the Story

1. Who wrote the mysterious letter to Alex?
   a) Mia
   b) A stranger
   c) Alex's grandmother

2. Where did Alex meet Mia?
   a) At the historical society
   b) At the old oak tree
   c) At the café

3. What did Mia give to Alex?
   a) A silver necklace and a letter
   b) A book
   c) A photograph

4. How did Alex feel after reading his grandmother's letter?
   a) Confused
   b) Emotional
   c) Angry

5. What did Alex and Mia decide to do after their meeting?
   a) Visit the historical society
   b) Go for a walk
   c) Have coffee together

Answer Key

1. c
2. b
3. a
4. b
5. c

Le Cours de Cuisine

Tous les jeudis soirs, un petit centre communautaire organisait un cours de cuisine pour adultes. Cette semaine, le thème était « Cuisines du Monde », et il attirait des gens de tous âges et horizons. Maria, une passionnée de cuisine mais un peu timide, décida de s'inscrire, espérant apprendre de nouvelles recettes et rencontrer de nouvelles personnes.

Le premier jour de cours, Maria entra dans la cuisine et fut accueillie par l'odeur des herbes et des épices fraîches. L'instructeur, le Chef Antonio, se tenait devant, prêt à guider la classe. « Bienvenue à tous ! Ce soir, nous allons explorer la cuisine italienne en faisant des pâtes maison », annonça-t-il avec un grand sourire.

Maria se sentit un peu nerveuse en regardant autour d'elle. Tout le monde semblait sympathique, mais elle ne savait pas comment entamer une conversation. Elle trouva une place au comptoir de la cuisine à côté d'une femme nommée Linda, qui coupait des légumes. « Bonjour, je m'appelle Maria », dit-elle, essayant de paraître confiante.

« Enchantée, Maria ! Je suis Linda. J'adore cuisiner, mais je n'ai jamais fait de pâtes avant », répondit Linda, son enthousiasme contagieux.

Lorsque le Chef Antonio commença le cours, il montra comment mélanger la pâte pour les pâtes. « La cuisine, c'est partager et profiter, alors n'ayez pas peur de poser des questions ! » encouragea-t-il.

Maria suivit attentivement les instructions et se sentit plus à l'aise. Linda partageait rapidement des astuces et des blagues, rendant l'expérience agréable. « J'ai toujours voulu faire mes propres pâtes. C'est tellement amusant ! » dit Maria en riant.

Au fur et à mesure que le cours avançait, les participants travaillaient ensemble pour étaler la pâte et créer différentes formes de pâtes. Maria se retrouva à discuter avec d'autres camarades, dont un homme sympathique nommé Ravi. « Je viens d'Inde », dit-il. « Je pensais que ce cours serait une excellente occasion d'apprendre sur différentes cuisines. »

« Moi aussi ! J'adore essayer de nouveaux plats », répondit Maria.

Quand il fut temps de cuire les pâtes, ils formèrent des équipes. Maria et Linda travaillèrent ensemble, tandis que Ravi s'associa à une autre camarade, Sarah. Ils partageaient leurs histoires tout en remuant les sauces et en faisant bouillir de l'eau. « Quel est ton plat préféré à cuisiner ? » demanda Linda à Maria.

« J'adore faire des desserts, surtout des gâteaux », répondit Maria. « Mais je veux aussi apprendre à faire des plats salés. »

Après un certain temps, le Chef Antonio rassembla tout le monde pour goûter leurs créations. Il servit les pâtes avec une délicieuse sauce tomate maison et du basilic frais. « Buon appetito ! » dit-il, et tout le monde se mit à manger avec enthousiasme.

« C'est incroyable ! » s'exclama Maria, savourant les saveurs. Les autres étaient d'accord, et l'atmosphère était remplie de rires et de compliments.

Au fil de la soirée, le groupe partagea plus d'histoires sur leurs plats préférés et leurs expériences culinaires. « La semaine prochaine, nous devrions apporter nos recettes préférées à partager ! » proposa Ravi.

« C'est une excellente idée ! » ajouta Sarah. « Nous pouvons apprendre les uns des autres et essayer de nouvelles choses. »

Maria se sentit intégrée alors qu'ils discutaient de leurs plans. Ce qui avait commencé comme un cours de cuisine s'était transformé en une communauté d'amis désireux d'explorer le monde à travers la nourriture.

Après la fin du cours, Maria échangea ses coordonnées avec ses nouveaux amis. « J'ai passé un moment merveilleux ! J'ai hâte à la semaine prochaine », dit-elle en souriant.

En quittant le centre communautaire, Maria réfléchit à la soirée. Elle n'avait pas seulement appris à faire des pâtes, mais elle avait aussi formé des amitiés inattendues. Le cours de cuisine avait ouvert son cœur et l'avait initiée à de nouvelles cultures, saveurs et personnes. Elle se réjouissait des aventures qui l'attendaient, tant en cuisine qu'avec ses nouveaux amis.

Vocabulary List

French Word	English Translation
Centre communautaire	Community center
Cuisine italienne	Italian cuisine
Pâtes	Pasta
Sauce tomate	Tomato sauce
Basilic	Basil
Comptoir	Counter
Gâteau	Cake
Partager	To share
Mélanger	To mix
Sauces	Sauces
Cours de cuisine	Cooking class
Faire bouillir	To boil
Assiette	Plate
Recette	Recipe
Cuire	To cook
Desserts	Desserts
Salé	Savory
Amis	Friends
Histoire	Story
Apprendre	To learn

Questions about the Story

1. What was the theme of the cooking class?
   a) French cuisine
   b) Cuisines from around the world
   c) Baking desserts

2. Who did Maria team up with to make pasta?
   a) Ravi
   b) Sarah
   c) Linda

3. What dish did the group learn to make during the class?
   a) Soup
   b) Pasta
   c) Bread

4. What did Ravi suggest for the next class?
   a) To bring their favorite recipes to share
   b) To invite more people to join the class
   c) To make desserts

5. How did Maria feel at the end of the class?
   a) Disappointed
   b) Nervous
   c) Excited

Answer Key

1. b
2. c
3. b
4. a
5. c

L'entretien d'embauche

Sofia cherchait un emploi depuis plusieurs mois, et lorsqu'elle a enfin reçu une invitation pour un entretien dans une entreprise de marketing locale, elle était à la fois excitée et nerveuse. « Cela pourrait être ma chance ! » pensait-elle, mais l'idée de l'entretien lui donnait des papillons dans le ventre.

Dans les jours qui ont précédé l'entretien, Sofia s'est préparée soigneusement. Elle a recherché des informations sur l'entreprise, pratiqué des questions d'entretien courantes et choisi une tenue professionnelle. « Je veux faire bonne impression », a-t-elle dit à sa meilleure amie, Mia, qui l'a encouragée à rester positive. « Tu vas réussir ! »

Le matin de l'entretien, Sofia s'est réveillée tôt. Elle a relu ses notes une dernière fois, se remémorant ses points forts et ses réalisations. Cependant, en se regardant dans le miroir, le doute a commencé à s'installer. « Et si je faisais une erreur ? » pensait-elle, le cœur battant.

Arrivée à l'entreprise, Sofia a pris une grande inspiration avant d'entrer. La réception était moderne et lumineuse, remplie de plantes et d'œuvres d'art colorées. Elle s'est présentée à la réceptionniste, qui lui a souri et a dit : « Bonne chance ! On vous appellera bientôt. »

Sofia s'est assise nerveusement, tapotant du pied. Elle pouvait entendre les intervieweurs discuter dans la pièce voisine. « Reste calme, sois toi-même », se murmurait-elle.

Quand son tour est venu, une femme amicale nommée Laura l'a accueillie dans la salle d'entretien. « Bonjour, Sofia ! Merci d'être venue aujourd'hui. Nous avons hâte d'en savoir plus sur vous », a dit Laura avec un sourire chaleureux.

Au début de l'entretien, Sofia a répondu à des questions sur son parcours et son expérience. « Qu'est-ce qui vous a intéressée dans le marketing ? » a demandé Laura.

« J'ai toujours aimé créer et partager des idées », a répondu Sofia, gagnant en confiance. « Dans mon dernier emploi, j'aimais travailler sur des campagnes qui touchaient les gens. »

Cependant, au fil de l'entretien, on lui a posé une question qui l'a prise au dépourvu. « Pouvez-vous décrire un moment où vous avez fait face à un défi et comment vous l'avez surmonté ? »

Sofia a hésité, son esprit tournant à toute vitesse. Elle a senti la pression monter. « Euh, j'ai besoin d'un moment », a-t-elle dit, se sentant troublée. Mais elle s'est ensuite souvenue d'un projet où elle avait dû respecter un délai très serré. « En fait, j'ai travaillé sur un projet d'équipe où nous devions tout finir en une semaine. Nous avons communiqué ouvertement et partagé les tâches, et nous avons terminé à temps ! »

Laura a hoché la tête, et Sofia a ressenti un grand soulagement. « C'est un excellent exemple de travail d'équipe ! » l'a encouragée Laura.

L'entretien a continué, et Sofia a commencé à se détendre. Elle a même réussi à poser des questions sur la culture d'entreprise et la dynamique d'équipe. « Je pense que le travail d'équipe est essentiel au succès », a-t-elle déclaré, gagnant de plus en plus confiance au fil des minutes.

À la fin de l'entretien, Laura a dit : « Merci d'avoir partagé vos expériences avec nous. Avez-vous des dernières pensées à nous communiquer ? »

Sofia a souri, reconnaissante pour cette opportunité. « Je vous remercie pour cette chance d'entretien. Je suis très enthousiaste à l'idée de rejoindre votre équipe et de contribuer à vos projets. »

Après l'entretien, Sofia est sortie en se sentant fière d'elle-même. « Je l'ai fait ! » pensait-elle, exaltée par l'expérience. Bien qu'elle ait rencontré des défis lors de l'entretien, elle a appris l'importance de rester calme et préparée.

Quelques jours plus tard, Sofia a reçu un e-mail de l'entreprise. Son cœur battait à tout rompre en l'ouvrant. « Félicitations ! Nous aimerions vous offrir le poste », disait-il. Elle n'en croyait pas ses yeux.

Sofia a appelé Mia, débordant d'enthousiasme. « J'ai eu le poste ! » s'est-elle exclamée.

« C'est incroyable ! Je savais que tu réussirais ! » a crié Mia.

Sofia a réalisé que l'entretien lui avait appris des leçons précieuses sur la confiance en soi et la préparation. Elle a appris qu'affronter des défis pouvait mener à des succès inattendus et que croire en soi était la clé pour réaliser ses rêves. Avec un avenir prometteur devant elle, elle se sentait prête pour toute aventure à venir.

Vocabulary List

French Word	English Translation
Entretien	Interview
Chercher	To search
Entreprise	Company
Poste	Position/job
Réceptionniste	Receptionist
Se détendre	To relax
Défi	Challenge
Travail d'équipe	Teamwork
Opportunité	Opportunity
Embauche	Hiring/recruitment
Se préparer	To prepare
Se rappeler	To remember
Réalisation	Achievement
Confiance en soi	Self-confidence
Candidat(e)	Candidate
Postuler	To apply (for a job)
Félicitations	Congratulations
Attente	Waiting
Curriculum Vitae (CV)	Resume
Réfléchir	To reflect/think

Questions about the Story

1. What made Sofia nervous before the interview?
   a) The idea of making a mistake
   b) The distance to the company
   c) The outfit she chose

2. What question caught Sofia off guard during the interview?
   a) Why did she want to work for the company?
   b) A question about a challenge she faced
   c) A question about her education

3. How did Sofia handle the difficult question about facing a challenge?
   a) She paused and thought of an example
   b) She skipped the question
   c) She asked for help from Laura

4. What did Sofia realize after the interview?
   a) That she didn't want the job
   b) That confidence and preparation were important
   c) That the interview was too difficult

5. What did the company do a few days after the interview?
   a) They rejected Sofia
   b) They invited Sofia for another interview
   c) They offered her the position

Answer Key

1. a
2. b
3. a
4. b
5. c

L'aventure du road trip

Un samedi matin ensoleillé, quatre amis — Mia, Jake, Sarah et Alex — étaient remplis d'excitation. Ils planifiaient un road trip pour voir leur groupe préféré jouer en concert à deux heures de route. Les amis ont préparé des collations, créé une playlist de leurs chansons préférées et chargé leurs sacs dans la voiture de Mia.

« C'est parti ! » dit Mia en démarrant le moteur. Le groupe s'est exclamé de joie alors qu'ils quittaient l'allée, prêts pour une aventure inoubliable.

Le trajet commença bien. Ils chantaient leurs chansons préférées, riaient de blagues idiotes et appréciaient le beau paysage. « Ça va être la meilleure journée de ma vie ! » s'exclama Sarah, souriante, en prenant des photos du paysage.

Cependant, après environ une heure, ils ont rencontré un problème. Mia remarqua que la voiture faisait un bruit étrange. « Oh non, c'est quoi ce bruit ? » demanda-t-elle, inquiète.

Jake se pencha en avant, écoutant attentivement. « Ça n'a pas l'air bon. On devrait peut-être s'arrêter. »

Mia trouva un endroit sûr sur le bord de la route. Ils descendirent tous pour inspecter la voiture. Après avoir vérifié sous le capot, Alex soupira. « Je crois qu'on a un pneu crevé. »

« Super, » dit Jake en essayant de rester positif. « Au moins, on a une roue de secours. »

Les amis se sont mis au travail pour changer le pneu. Bien que ce fût difficile, ils plaisantaient et s'encourageaient mutuellement. « Je ne savais pas que tu étais un tel bricoleur, Alex ! » ria Mia alors qu'il luttait pour desserrer les boulons.

Après environ trente minutes, ils ont enfin remplacé le pneu et repris la route. « On est de retour sur la route ! » dit Mia, soulagée. Cependant, ils avaient perdu du temps précieux et s'inquiétaient de rater le concert.

En continuant de rouler, ils se rendirent compte qu'ils étaient à court d'essence. « Il faut qu'on trouve une station-service rapidement, » dit Sarah en vérifiant son téléphone. « Il y en a une à quelques kilomètres d'ici. »

Ils arrivèrent à la station-service, firent le plein et prirent quelques collations à l'intérieur. « Dépêchons-nous ! » pressa Jake en jetant un coup d'œil à l'heure. Ils devaient encore conduire jusqu'à la salle de concert.

De retour sur la route, ils rencontrèrent des embouteillages. « C'est vraiment pas le moment ! » grogna Mia en serrant le volant. Ils pouvaient voir la salle de concert au loin, mais savaient qu'ils n'y arriveraient pas à temps si la circulation ne se débloquait pas.

« Ne vous inquiétez pas, on peut encore y arriver si on garde le moral ! » dit Alex. « Jouons à un jeu pour passer le temps. »

Ils décidèrent de jouer à un jeu d'association de mots, où chaque personne devait dire un mot en rapport avec le précédent. Des éclats de rire remplirent la voiture alors qu'ils essayaient de se surpasser avec des mots drôles. Malgré les retards, leur moral restait élevé.

Finalement, après ce qui semblait être des heures, ils arrivèrent à la salle de concert juste à la fin de l'acte d'ouverture. « On y est arrivés ! » s'écria Mia, débordante d'excitation. Ils se précipitèrent à l'intérieur et trouvèrent une bonne place près de la scène.

Lorsque le groupe principal monta sur scène, la foule éclata en acclamations. La musique emplit l'air, et les amis chantèrent ensemble, dansant et célébrant. Tous les défis rencontrés pendant le road trip s'estompèrent, remplacés par la joie d'être au concert.

Après le spectacle, en rentrant chez eux, ils repensèrent à leur aventure. « C'était incroyable ! » dit Sarah en souriant. « Je n'échangerais ça pour rien au monde, même avec tous les défis. »

« Oui, ça nous a rapprochés, » ajouta Jake. « On a tout géré en équipe. »

Mia acquiesça. « C'était un voyage mémorable. La prochaine fois, on sera encore mieux préparés ! »

Ils rirent et partagèrent des histoires sur le concert, reconnaissants pour leur amitié. Le road trip les avait mis à l'épreuve, mais il avait aussi renforcé leurs liens, leur rappelant que le voyage comptait tout autant que la destination.

Vocabulary List

French Word	English Translation
Pneu	Tire
Route	Road
Bricoleur	Handyman
Station-service	Gas station
Concert	Concert
Voiture	Car
Panne	Breakdown
Roue de secours	Spare tire
Embouteillages	Traffic jam
Morale	Spirits (morale)
Dépêche-toi	Hurry
Éclater	To burst
Sourire	Smile
Excitation	Excitement
Feux	Lights
Amis	Friends
Rire	Laugh
Défi	Challenge
Plein d'essence	Filled up the tank
Problème	Trouble

Questions about the Story

1. What caused the friends to pull over during the road trip?
   a) They were hungry
   b) The car was making a strange noise
   c) They got lost

2. How did the friends deal with the flat tire?
   a) They called a mechanic
   b) They worked together to change it
   c) They waited for help

3. What delayed the group after they got back on the road?
   a) A rainstorm
   b) Running low on gas
   c) A traffic jam

4. What game did the friends play to pass the time in traffic?
   a) Word association game
   b) Charades
   c) Trivia

5. How did the friends feel after attending the concert?
   a) Disappointed
   b) Exhausted but happy
   c) Angry about the delays

Answer Key

1. b
2. b
3. c
4. a
5. b

La Visite Historique Locale

Par un beau samedi matin, un groupe d'habitants s'est rassemblé sur la place du village pour la visite historique locale annuelle. Parmi eux se trouvait Clara, une jeune femme curieuse qui avait vécu dans la ville toute sa vie. « J'ai toujours voulu en savoir plus sur l'histoire de notre ville », dit-elle à son ami Sam, alors qu'ils attendaient le guide.

« J'espère que nous découvrirons des histoires intéressantes ! » répondit Sam, en ajustant son appareil photo. Il adorait prendre des photos et voulait capturer la beauté de leur ville.

Lorsque la visite commença, le guide, M. Johnson, accueillit tout le monde avec un sourire chaleureux. « Bienvenue à la visite historique locale ! Aujourd'hui, nous allons explorer des trésors cachés et découvrir les histoires qui ont façonné notre communauté », annonça-t-il.

Le groupe suivit M. Johnson dans les rues pavées, en s'arrêtant d'abord à l'ancien palais de justice. « Ce bâtiment a été construit en 1850 et a vu de nombreux événements importants », expliqua-t-il. « Saviez-vous que le premier maire de notre ville tenait des réunions ici-même ? »

Clara écoutait attentivement, étonnée par les histoires qu'elle n'avait jamais entendues auparavant. « Je ne savais pas que le palais de justice avait une histoire si riche », chuchota-t-elle à Sam.

Alors qu'ils poursuivaient la visite, ils s'arrêtèrent dans un petit parc avec une statue vieillissante. « Cette statue honore les fondateurs de la ville », dit M. Johnson. « Mais elle raconte aussi une histoire moins connue, celle d'un groupe de femmes qui ont joué un rôle crucial dans le développement précoce de la ville. »

Clara leva la main. « Qu'ont-elles fait ? »

M. Johnson lui sourit avec curiosité. « Ces femmes ont organisé des événements communautaires et aidé à construire des écoles. Elles étaient l'épine dorsale de la ville, mais leurs contributions ont souvent été ignorées dans les livres d'histoire. »

Se sentant inspirée, Clara prit des notes dans son journal. « Je n'ai jamais pensé au rôle des femmes dans l'histoire de notre ville. Il est important de se souvenir des contributions de chacun », dit-elle à Sam.

Ensuite, ils visitèrent une vieille bibliothèque remplie de livres poussiéreux et de photographies historiques. « Cette bibliothèque est un véritable trésor de connaissances », dit M. Johnson. « De nombreux habitants ont fait don de leurs archives familiales pour préserver leurs histoires. »

Les yeux de Clara scintillèrent d'excitation. « On devrait revenir ici pour explorer ! Je veux en savoir plus sur l'histoire de ma famille », dit-elle.

Au fur et à mesure que la visite avançait, M. Johnson partagea des histoires de luttes et de triomphes, y compris des récits des premiers colons de la ville et de la façon dont ils avaient surmonté les difficultés. Clara se sentait profondément connectée au passé en marchant dans les rues familières, maintenant remplies de nouvelles significations.

Enfin, ils atteignirent la dernière étape, un vieux théâtre fermé depuis des années. « Ce théâtre était autrefois le cœur du divertissement de notre ville », expliqua M.

Johnson. « De nombreux acteurs célèbres s'y sont produits, et c'était un lieu de rassemblement pour la communauté. »

« Qu'est-il arrivé au théâtre ? » demanda Sam en prenant des photos du bâtiment.

« Il est tombé en ruine au fil des ans, mais il y a des projets pour le restaurer. La communauté croit en son importance et veut lui redonner vie », répondit M. Johnson.

Clara ressentit une vague d'espoir. « J'aimerais voir le théâtre restauré. Ce serait merveilleux d'avoir à nouveau un lieu pour l'art et la culture », dit-elle.

Lorsque la visite prit fin, Clara et Sam remercièrent M. Johnson pour cette expérience incroyable. « Vous nous avez ouvert les yeux sur la riche histoire de notre ville », dit Clara.

« Je n'avais jamais réalisé à quel point il y avait à apprendre sur l'endroit où nous vivons », ajouta Sam.

En rentrant chez elle, Clara réfléchit aux découvertes de la journée. Elle se sentit fière de faire partie d'une communauté avec une histoire si vibrante. « Je veux m'impliquer davantage pour préserver les histoires de notre ville », dit-elle, se sentant inspirée.

À partir de ce jour, Clara s'impliqua davantage dans sa communauté, assistait à des réunions locales et se portait volontaire pour des événements. Elle apprit que comprendre le passé était essentiel pour façonner un avenir meilleur. La visite historique locale n'avait pas seulement révélé des histoires cachées, mais elle avait également éveillé en elle une passion pour l'histoire de sa ville, qu'elle emporterait avec elle pour toujours.

Vocabulary List

French Word	English Translation
Ville	Town
Palais de justice	Courthouse
Guide	Guide
Trésor caché	Hidden gem
Colons	Settlers
Patrimoine	Heritage
Théâtre	Theater
Restaurer	Restore
Contribution	Contribution
Événement	Event
Communauté	Community
Parc	Park
Statue	Statue
Riche (histoire)	Rich (history)
Développement	Development
Bibliothèque	Library
Photographies	Photographs
Histoire	History
Bâtiment	Building
Volontaire	Volunteer

Questions about the Story

1. Where did the Local History Tour begin?
   a) At the library
   b) At the town square
   c) At the old theater

2. What was the first stop on the tour?
   a) The old library
   b) The park with the statue
   c) The courthouse

3. Who organized community events and helped build schools in the town?
   a) The town's founders
   b) A group of women
   c) Local business owners

4. What did Clara feel inspired to do after the tour?
   a) Learn more about her family's history
   b) Volunteer at the local museum
   c) Move to another town

5. What were the plans for the old theater?
   a) To turn it into a museum
   b) To restore it for the community
   c) To demolish it and build a new one

Answer Key

1. b
2. c
3. b
4. a
5. b

La Rénovation de la Maison

Emma et Mark avaient toujours rêvé de posséder leur propre maison. Après des années d'économies, ils ont enfin acheté une charmante vieille maison dans un quartier calme. Bien qu'ils adorent le charme de la maison, ils savaient qu'elle avait besoin de quelques rénovations.
« Cette maison a tellement de potentiel ! » dit Emma en regardant autour du salon avec excitation.

Mark sourit, mais se sentait un peu nerveux. « J'espère que nous pourrons gérer tous ces travaux, » répondit-il. « Ce sera un gros projet. »

Déterminés à transformer leur nouvelle maison, ils ont élaboré un plan. Ils ont décidé de commencer par la cuisine, qui était démodée et avait besoin d'un relooking.
« Peignons les placards et installons de nouveaux comptoirs, » suggéra Emma en parcourant des sites de rénovation pour s'inspirer.

Dès qu'ils ont commencé la rénovation, ils ont rapidement découvert que travailler ensemble n'était pas aussi facile qu'ils l'avaient espéré. « Je pense que nous devrions opter pour du bleu pour les placards, » dit Emma un jour en tenant un échantillon de peinture.

Mark fronça les sourcils. « Je pensais à quelque chose de plus neutre, comme du gris. Cela s'harmonisera mieux avec les comptoirs. »

« Le gris, c'est tellement ennuyeux ! » répliqua Emma, croisant les bras. « Nous avons besoin de couleur ici ! »

Le désaccord les a tous deux frustrés. « Peut-être devrions-nous faire une pause, » suggéra Mark, sentant la tension. « Allons faire une promenade. »

Pendant leur promenade, ils ont discuté de leurs sentiments. Emma a admis : « Je veux juste que notre maison reflète nos personnalités. J'adore les couleurs vives ! » Mark comprit son point de vue, mais voulait créer un espace qui soit confortable pour eux deux.

« Je vois ce que tu veux dire, » dit-il. « Et si nous faisions un compromis ? Nous pourrions peindre un mur en bleu et garder le reste neutre. »

Emma sourit. « Cela me paraît parfait ! Merci de comprendre. »

Avec un nouvel esprit d'équipe, ils sont retournés à la rénovation avec une perspective rafraîchie. Ils ont peint les placards en bleu et les murs en gris doux. En travaillant côte à côte, ils ont ri et partagé des histoires sur leurs maisons d'enfance, apprenant davantage l'un sur l'autre au passage.

Un week-end, ils ont décidé de s'attaquer au jardin. Le jardin était envahi par les mauvaises herbes partout. « Nous devrions faire un potager, » suggéra Emma. « J'ai toujours voulu cultiver mes propres légumes ! »

Mark hésita. « Cela semble être beaucoup de travail, mais je suis prêt à relever le défi si tu l'es ! »

Ils ont passé la journée à creuser, planter des graines et nettoyer le jardin. C'était du travail difficile, mais ils ont apprécié le temps passé ensemble. « Regarde ce que nous avons créé ! » dit Emma, rayonnante en admirant leur nouveau jardin.

Au fil des semaines, ils ont rencontré plus de défis. Des problèmes de plomberie aux dépenses imprévues, chaque problème mettait leur patience à l'épreuve. Cependant, ils ont appris à mieux communiquer et à se soutenir dans les moments difficiles.

« Je n'aurais pas pu faire cela sans toi, » dit Mark un soir après avoir réparé un robinet qui fuyait. « Tu m'as gardé motivé. »

« Et tu trouves toujours une solution quand quelque chose ne va pas, » répondit Emma, reconnaissante pour ses compétences en résolution de problèmes.

Enfin, après des mois de travail acharné, les rénovations étaient terminées. Ils se tenaient dans leur magnifique nouvelle cuisine, admirant leurs efforts. « Nous l'avons vraiment fait ! » s'exclama Emma, le bonheur brillant dans ses yeux.

Mark l'entoura de ses bras. « Et nous avons tellement appris l'un sur l'autre au passage. Je me sens plus proche de toi que jamais. »

En célébrant leur succès, Emma réalisa que la rénovation avait non seulement transformé leur maison, mais aussi renforcé leur relation. Ils avaient appris à faire des compromis, à communiquer et à travailler en équipe.

Avec leur maison enfin prête, ils ressentaient un sentiment d'accomplissement et d'excitation pour l'avenir. Ils savaient qu'ensemble, ils pouvaient relever tous les défis qui se présenteraient, que ce soit dans leur maison ou dans la vie. Le voyage avait été difficile, mais il les avait rapprochés, et ils se réjouissaient de créer encore de nombreux souvenirs dans leur bel espace.

Vocabulary List

French Word	English Translation
Maison	House
Salon	Living room
Rénovation	Renovation
Placard	Cabinet
Comptoir	Countertop
Peinture	Paint
Jardin	Garden
Légumes	Vegetables
Problème de plomberie	Plumbing issue
Expériences	Experiences
Projets	Projects
Solution	Solution
Travail d'équipe	Teamwork
Compromis	Compromise
Dépenses imprévues	Unexpected expenses
Potentiel	Potential
Démodé	Outdated
Créer	Create
Inspiré	Inspired
Patience	Patience

Questions about the Story

1. What was the first room Emma and Mark decided to renovate?
   a) The living room
   b) The kitchen
   c) The bedroom

2. What color did Mark want for the kitchen cabinets?
   a) White
   b) Blue
   c) Gray

3. What compromise did Emma and Mark agree on regarding the kitchen colors?
   a) Paint one wall blue and keep the rest neutral
   b) Keep everything gray
   c) Paint all the cabinets blue

4. What project did they decide to do in the backyard?
   a) Building a patio
   b) Planting flowers
   c) Making a vegetable garden

5. What did Emma and Mark learn through their renovation experience?
   a) They couldn't handle the renovations
   b) They grew closer and learned to communicate better
   c) They didn't like their home anymore

Answer Key

1. a
2. c
3. a
4. c
5. b

Le Festival Culturel

Dans une ville dynamique remplie de cultures diverses, le festival culturel annuel était attendu avec impatience par tous. Cette année, le festival devait avoir lieu dans le parc central, et toute la communauté était en effervescence. Le festival avait pour objectif de célébrer les différentes origines des habitants, favorisant ainsi la compréhension et l'unité entre eux.

Emma, une enseignante locale, était enthousiaste à l'idée de participer. « C'est une excellente occasion pour nous d'apprendre à connaître les cultures des uns et des autres », dit-elle à son ami Raj, originaire d'Inde. « J'ai hâte de goûter à tous les plats différents ! »

Raj sourit. « Tu vas adorer ! Je vais apporter des samosas faits maison à partager. C'est un encas populaire en Inde ! »

À l'approche du festival, Emma et Raj, ainsi que d'autres membres de la communauté, travaillaient dur pour se préparer. Ils installèrent des stands colorés, chacun représentant une culture différente, avec des décorations, des drapeaux et des vêtements traditionnels. Le stand d'Emma présentait des aliments et des objets artisanaux de divers pays, tandis que celui de Raj était dédié à la culture indienne.

Le jour du festival, le parc était rempli de rires et de bavardages. Les familles installaient des couvertures de pique-nique, et les enfants couraient partout, jouant à des jeux. Emma et Raj accueillirent les visiteurs à leur arrivée, enthousiastes à l'idée de partager leurs cultures.

« Bienvenue à notre stand ! » dit Emma en distribuant des échantillons de snacks internationaux. « Nous avons de la nourriture d'Italie, du Mexique et du Japon ! »

Tandis que les visiteurs goûtaient aux délicieuses friandises, ils partageaient des histoires sur leurs propres origines culturelles. Une femme nommée Maria, originaire du Mexique, parla des traditions de sa famille pendant le Jour des Morts. « Nous honorons nos proches avec de la nourriture et des décorations », expliqua-t-elle, les yeux brillants de fierté.

Non loin de là, Raj préparait ses samosas, et bientôt, une file d'attente se forma à son stand. « Ceux-ci sont remplis de pommes de terre épicées et de pois. Ils sont parfaits à partager ! » dit-il en souriant aux invités impatients.

Alors que le soleil commençait à se coucher, la communauté se rassembla pour l'événement principal : un spectacle de talents mettant en avant des performances issues de différentes cultures. Musiciens, danseurs et conteurs montèrent sur scène pour partager leurs talents et leurs traditions.

Emma regardait avec admiration un groupe d'enfants qui effectuait une danse traditionnelle de leur culture. Le public applaudissait et encourageait, créant un sentiment d'unité et de joie. Raj monta sur scène pour présenter une danse traditionnelle indienne, et tout le monde se joignit à lui, essayant de suivre les mouvements.

Après les performances, la communauté se réunit pour une cérémonie de clôture. Le maire remercia tout le monde pour leur participation, soulignant l'importance de comprendre et de célébrer la diversité. « Ensemble, nous créons une communauté plus forte et plus dynamique », dit-elle.

Alors que la nuit touchait à sa fin, Emma et Raj repensaient aux événements de la journée. « C'était incroyable ! » s'exclama Emma. « J'ai tellement appris sur nos voisins et leurs cultures. »

Raj acquiesça. « C'est incroyable de voir comment la nourriture et les histoires peuvent rapprocher les gens. Je me sens plus proche de tout le monde après aujourd'hui. »

Se sentant inspirée, Emma suggéra : « Nous devrions organiser plus d'événements comme celui-ci tout au long de l'année. Il est important de continuer à partager et à apprendre les uns des autres. »

« J'adore cette idée ! » répondit Raj, enthousiasmé par les possibilités.

Alors que le festival touchait à sa fin, les amis ressentirent un sentiment d'appartenance et de connexion avec leur communauté. Ils réalisèrent que célébrer leurs cultures diverses non seulement enrichissait leurs vies, mais renforçait aussi les liens entre voisins, créant une communauté unie et harmonieuse.

Vocabulary List

French Word	English Translation
festival	festival
communauté	community
culture	culture
divers	diverse
habitants	residents
samosas	samosas
épicées	spiced
plat	dish
danse	dance
découvrir	discover
artisanat	crafts
festival	festival
pique-nique	picnic
enfants	children
rassemblement	gathering
nourriture	food
partage	sharing
spectacle	show
histoire	story
clôture	closing

Questions about the Story

1. What was the main goal of the Cultural Festival?
   a) To compete with other towns
   b) To celebrate diversity and bring the community together
   c) To raise money for the town

2. What did Raj bring to the festival to share with others?
   a) Sushi
   b) Tacos
   c) Samosas

3. What kind of performance did Raj participate in at the festival?
   a) Singing
   b) Traditional Indian dance
   c) Storytelling

4. What did Emma suggest after the festival ended?
   a) Organizing more cultural events throughout the year
   b) Making the festival longer next year
   c) Starting a food competition

5. What did the mayor emphasize in her closing speech?
   a) The importance of competition
   b) The importance of unity and diversity
   c) The importance of winning prizes

Answer Key

1. b
2. c
3. b
4. a
5. b

Le Dîner avec des Inconnus

Emma était une jeune professionnelle vivant dans une ville animée. Malgré son travail prenant, elle se sentait souvent seule et voulait rencontrer de nouvelles personnes. Un soir, en naviguant en ligne, elle découvrit un événement appelé "Dîner avec des Inconnus." Le concept l'intrigua : un groupe d'inconnus se réunirait dans un restaurant local pour partager un repas et faire connaissance.

Se sentant aventurière, Emma décida de s'inscrire. « Ça pourrait être amusant ! » pensa-t-elle, à la fois excitée et nerveuse à l'idée de rencontrer de nouvelles personnes. Le jour du dîner, elle enfila une belle tenue et se rendit au restaurant, le cœur battant d'anticipation.

Lorsque Emma arriva, elle fut accueillie par un hôte chaleureux qui lui expliqua le déroulement de la soirée. « Nous commencerons par des amuse-bouches, puis nous passerons au plat principal. N'hésitez pas à poser des questions et à partager des histoires ! »

Emma rejoignit une table avec cinq autres invités. Chacun se présenta, et Emma apprit qu'ils venaient d'horizons et de professions variés. Il y avait Mark, un ingénieur ; Sofia, une enseignante ; Raj, un designer graphique ; et deux autres personnes, Anna et Tom, qui travaillaient tous deux dans le marketing.

Lorsque les amuse-bouches arrivèrent, la conversation se déroula facilement. « Alors, qu'est-ce qui vous a tous amenés à ce dîner ? » demanda Emma, curieuse de connaître leurs motivations.

« Je suis nouveau en ville et je voulais rencontrer des gens », répondit Mark. « C'est difficile de se faire des amis quand on déménage seul. »

« Je comprends parfaitement », dit Emma en hochant la tête. « J'ai déménagé ici pour mon travail, et cela peut parfois être isolant. »

Sofia intervint : « C'est pour cela que j'adore les événements comme celui-ci ! C'est un excellent moyen de se connecter aux autres et de partager des expériences. »

Tout en savourant leur repas, la conversation se tourna vers les voyages. Raj partagea son récent voyage au Japon, décrivant les magnifiques temples et le délicieux sushi qu'il avait goûté. « J'ai toujours rêvé d'aller au Japon ! » s'exclama Emma. « Quelle était la meilleure partie de ton voyage ? »

Raj sourit en se remémorant ses expériences. « J'ai adoré les cerisiers en fleurs au printemps. C'était à couper le souffle ! »

Tom, qui était resté silencieux jusque-là, prit soudain la parole. « Je suis allé au Japon l'année dernière aussi ! J'y suis allé pendant la même saison. C'était magique ! » La table éclata de rire en échangeant des histoires sur leurs aventures de voyage.

Lorsque le plat principal fut servi, Emma se sentit plus à l'aise. Elle partagea ses propres expériences de voyage, notamment un voyage mémorable en Italie. Le groupe écouta avec attention, et bientôt, ils échangèrent tous des histoires sur leurs plats préférés du monde entier.

« La nourriture rassemble les gens, n'est-ce pas ? » dit Anna en souriant. « C'est comme un langage universel. »

Après le dîner, l'hôte encouragea tout le monde à jouer à un jeu pour briser la glace. Ils prirent chacun leur tour pour partager un fait unique sur eux-mêmes. Emma découvrit que Sofia avait déjà joué sur scène, tandis que Mark révéla qu'il parlait trois langues.

Quand ce fut le tour d'Emma, elle hésita un moment, mais finit par partager son rêve de créer un blog de voyage. « J'adore explorer de nouveaux endroits et capturer mes expériences par écrit », dit-elle timidement.

« C'est incroyable ! Tu devrais absolument créer un blog », l'encouragea Raj. « J'adorerais le lire ! »

À la fin de la soirée, Emma ressentit un sentiment de chaleur et de connexion avec ses nouveaux amis. Ils échangèrent leurs coordonnées et promirent de se revoir pour un autre dîner.

En rentrant chez elle, Emma réfléchit à la soirée. Elle était entrée dans le restaurant en tant qu'inconnue, mais en était ressortie avec de nouvelles amitiés et des conversations significatives. L'expérience lui rappela la beauté de se connecter avec les autres, même si ce sont des inconnus au départ.

À partir de ce jour, Emma attendit avec impatience de nouvelles aventures, tant dans sa carrière que dans sa vie sociale. Elle réalisa que faire un saut dans l'inconnu pouvait mener à des surprises merveilleuses, et elle était impatiente de découvrir ce que l'avenir lui réservait.

Vocabulary List

French Word	English Translation
dîner	dinner
rencontrer	meet
invité	guest
hôte	host
plat principal	main course
conversation	conversation
partager	share
découverte	discovery
aventure	adventure
rêve	dream
blog	blog
histoire	story
voyage	travel
se connecter	connect
curieuse	curious
amitié	friendship
expérience	experience
nourriture	food
écriture	writing
universel	universal

Questions about the Story

1. Why did Emma sign up for the "Dinner with Strangers" event?
   a) She was invited by her friend.
   b) She wanted to meet new people.
   c) She wanted to try new food.

2. What was Raj's recent travel destination?
   a) Italy
   b) India
   c) Japan

3. What dream did Emma share during the icebreaker game?
   a) To write a travel blog
   b) To become a photographer
   c) To visit every country in the world

4. What did Tom and Raj have in common?
   a) They both traveled to Japan
   b) They both spoke multiple languages
   c) They both worked in marketing

5. How did Emma feel at the end of the dinner?
   a) Tired and bored
   b) Lonely and disconnected
   c) Connected and happy

Answer Key

1. b
2. c
3. a
4. a
5. c

Printed in Great Britain
by Amazon